奇跡を
呼び込む
「わがまま
スッキリノート」

佐藤康行

たま出版

はじめに

私は、「本当の自分」、すなわち「真」の「我」に出合うためのプログラム、「真我開発講座」を主宰し、二十年あまり続けてきました。

すべての人の心の最も深いところには、愛にあふれた素晴らしい「本物の自分」が存在します。数万人もの受講者と真剣勝負をすることにより、その確信はますます揺るぎないものになりました。

「真我開発」は、すべての人に適合するメソッドであり、どのような人にも効果がありません。しかし、ある薬が、その人によって効果が異なるのと同じように、「真我開発」の効果の大きさも、人によって異なります。すべての人に最高の効果が現れて、未来永劫、完全に問題が解決すればいいのですが、なかには、一時的に解決しても、時を経て問題がまたぶり返すケースもあります。

それを、どうにかして、すべての人に等しく、最高の効果をもたらすことができないだろうか。そのことをずっと考えてきました。

私は、真我で解決できない問題はないと思っています。というのも、生命は部分で区切ることのできない、全体で一つの命であるのと同じように、真我を開発するということは、私たち自身の一部分ではなく、最も深いところから全体を開発することだからです。それによって、あらゆる問題が解決できるものと思っています。

そうした理由により、これまでは、具体的な問題の解決に当たったり、テーマを絞ったり、ということはしてきませんでした。

しかし、今回は、目が悪くなれば眼科、肝臓が悪くなれば内科というように、あえて部分に焦点を当ててやっていこうと思うに至ったのです。

そんな時に、近年、日本ではアルコール依存症が急増しており、しかも治すことが大変難しいといわれていることを知りました。

そこで、あえてその難しいものに取り組もうと思ったのです。私の元来の性格でもあるチャレンジ精神もありますが、何より、もしこの取り組みに成功してアルコール依存症が解決したら、全国で八十万人いるといわれているアルコール依存症の患者さんや、五百万人は下らないといわれているその予備軍の方々にとって、非常に心強い証明になるのではないかと考えたからです。

すると、別のご夫婦から「薬物依存症もお願いできますか」という申し出がありました。こちらについても、アルコール依存症と同様、とても難しいということを知っておりましたので、同時に取り組むことにしました。

私は、アルコール依存症や薬物依存症を、それぞれお酒と薬に依存している別々の症状であるとは考えておりません。この二つの依存症は、全く異なる症例と思われているかもしれませんが、私は、いずれも同じ、心の病気と考えています。そういう意味では、全く同じものとしてこの二つの問題にターゲットを絞り、「心のリハビリ」プロジェクトとして、今回新しく始めることにしたのです。

その最初のプロジェクトに参加してくださったのが、今回、本書で取り上げさせていただいた二組のご夫婦です。

このご夫婦についてお話しする前に、「依存」について、簡単にお話ししておきたいと思います。「依存」に「症」がついて「依存症」という言葉になると、誰もが病気の症状を思い浮かべてしまうでしょう。「アルコール依存症」や「薬物依存症」が、その代表的な例だと思います。

しかし、依存症患者の方だけが、何かに「依存」しているわけではありません。誰の心の中にも、多かれ少なかれ、「依存する心」というのは存在しているのではないでしょうか。

例えば、普段から、夫婦や恋人同士などで、「相手の悪いところが気になってしようがない」とか、「いつも口げんかが絶えない」などといったケースでは、自分では気づかないまま、相手に依存している場合が多いものです。あなた自身が、それに気づこうと気づくまいと、「依存」する心によって引き起こされている現象が「問題」となってあなたの周りにあふれているわけです。

ですから、本書は、依存症に悩む方や、そのご家族に向けてだけ書いたものではありません。むしろ、人間関係がうまくいかない、仕事がうまくいかない、と悩みながら、「依存なんてしていない、私には関係ない」と思っていらっしゃる方、一見「依存」とは無縁と思える方にこそ、ぜひ読んでいただきたいと思っています。

目次

3. 自立プログラム

4. 阻害要因

5. 変化への加速

6. 真我の目覚め

おわりに

1. 甘えの構造～依存

依存は「愛の不足」からきている

「摂食障害」という言葉をご存知でしょうか。

摂食障害というのは、過食症や拒食症の総称です。拒食症の場合は、極端に食事を制限するケースばかりではなく、なかには、短時間に多量の食べ物を摂取した後、吐くという行為をする方もいらっしゃるそうです。拒食症から過食症に移行するケースもあると聞いています。

私は以前、摂食障害で悩まれていた人とお話をする機会がありました。すると、その方が「愛の不足」を感じているということが、手に取るように分かりました。心の中に、寂しさに代表される「愛の不足」が生じたため、その不足を食べ物で満たそうとしていたのです。

摂食障害と、アルコール依存症や薬物依存症の違いは、「愛の不足」を食べ物で補うか、お酒や薬物で補うかの違いでしかありません。基本はまったく同じなのです。現に、摂食障害は精神疾患といわれており、一種の依存症にあたるのだそうです。そして、これらの原因は一つ、**心の中が「愛」で満たされていない不足感**なのです。

それを病院に行くと、医者は、薬を処方することで治していこうとします。私は、根本原因である心から、根っこから治していきます。実際、私は、これまで拒食症、過食症で悩んでいた方たちが、真我を開き、愛に満たされていたことを体感することによって、その症状を克服されていった姿を見てきました。

「人の言動、行いは、すべて愛を求める叫び」です。お酒も薬も、すべては愛を求める心の叫びなのです。愛を求めるというのは、絶対不変の本能です。そうであるが故に、人は常に心の底では愛を求めて生きています。

その愛の不足を埋める代替品が、お酒や薬物になっているのです。生まれたときからお酒や薬物を飲んでいる人はいません。愛の不足感から、「欲しい」という気持ちが生まれ、それをお酒や薬物で補っているのです。

ですから、人が本当に愛に満たされた時、代替品であるお酒や薬もいらなくなります。愛で心を満たしてあげることが、一番の特効薬なのです。

「ポジティブな依存」という依存がある

現代は、日常生活の多くを携帯電話に頼ったり、パソコンに頼ったりして、人々はそれらに依存しているともいえます。厳密な意味での依存症ではないかもしれませんが、パソコンや携帯電話が使用できなくなった時、いつもどおりの仕事や生活を送ることに不便や困難を感じることはないでしょうか。こういったことは、あまりにも当たり前になっていて、依存しているとは気づかないこともあるでしょう。

通常、人は、身体がボロボロになったり、命が短くなったりするようなことを悪いこととして扱っています。そして、先ほど挙げた過食症やアルコール依存症のように、病気として認定されることもあります。

ただし、それだけが「依存症」ではありません。スポーツや仕事、勉強など、一見良いと思われているようなことも、実際にはそれらに一生懸命打ち込み過ぎて身体を壊したり、心が疲れ、病んだりすることもあるのです。

仕事を例に取ると、「ワーカホリック」という言葉がありますが、これは、私生活の多くにまで犠牲を払い、職業であるはずの仕事に打ち込んでいる人のことを指します。仕事をするということ自体は、誰もが悪いことだとは思っていませんし、むしろ良いことだと思って、その「良いこと」に夢中になるあまり、仕事中毒になっているのです。

しかし、「良いこと」「悪いこと」といっても、それは単に人間が勝手に振り分けているにすぎません。現に、ワーカホリックの方は、リストラや人事考課などを恐れるあまり、仕事をしていないと落ち着かない、心の安定が保てないそうですが、こうなると、もう立派な依存症といえるのではないでしょうか。

このように、良いこと、正しいことと思っている価値観や考え方からきているものもまた、依存していることにかわりはなく、それを「ポジティブな依存」といっていいのではないでしょうか。そして、この「ポジティブな依存」は、悪いことだとは思っていないために、自分でも気づかず、治そうとしない人が多いのです。

後半の章で触れますが、現実には、「自分が良い」「自分が正しい」と思っていることが、実は大きな問題になってくることがあるのです。

親子関係の理想は関係が逆転していくこと

アルコール依存症の男性と薬物依存症の男性と話をしていくうちに、分かってきたことがあります。二人には、ある共通した点がありました。それは、子どもの頃からずっと潜在意識の中にあった「親への甘え」でした。すなわち、親への依存があったわけです。

親は、年を重ねるごとに、肉体的にはどんどん老いて、体力も落ちていきます。経済的にも、定年を迎え、引退し、年金をもらって生活をするというのが一般的でしょう。

一方、子どもの方は、成長して大人になるにつれ、肉体的にはどんどん大きくなって親を追い越し、体力的にも強くなります。そして、経済的にも、働くことで収入を得て、働き盛りの年齢ともなれば収入も増え、そしていつしか自分の家庭を持つのです。

このように、**親と子の関係が逆転していくことが本来あるべき姿**であって、「身体は大丈夫かな、どうしているかな」と、いつも子どもが親の心配をしているくらいになるのが自然です。それを、いつまでたっても親が心配してくれていることに甘えて、親に依存した状態であるということが分かったのです。成人してもなお、親に金銭面で援助してもらう、あるいは手を差し伸べてもらうという甘えが、お酒や薬物への依存に変わるのだということが見えてきました。

最近では、少子化が進んで、親が子どもを溺愛するあまりに、子どもに対して過保護になっている家庭が多いようです。例えば、子どもが何かを取ろうとしたら、親がすかさず「はい、どうぞ」と渡してしまう。そのような親のもとにいる子どもは、自分の考えというものがなくなり、自分では動けなくなってしまいます。そうして、子どもを依存させるような関係をつくってしまうのです。そこには、いつまでも自分の思いどおりにしようとする親のエゴがあります。

しかし、世の常としては、親の方が先にこの世を去ります。そうなった時、残された子どもがどうなるのかを考えれば、子どもにどう接したらいいのか分かってくるのではないでしょうか。

動物は、ある時期になると親元を離れて、自分で獲物を捕るようになります。失敗したり、成功したりして経験を重ねることで、それが良くても悪くても自分のノウハウになっていきます。「ゆっくり足音を立てないで行ったから捕れたんだ」とか、「獲物との距離が離れ過ぎていたから捕れなかったんだ」ということが分かってくるのです。ですから、捕れないときも、原因が分かっているので怖くないわけです。

そのようにして、ノウハウがあるから、それが自分の自信になって、「この次はうまくいくぞ」と思えるようになります。これが自立です。

ところが、いつまでも親が子どもの世話をし、食べさせていたら、ノウハウが自分のものになりません。すべて親にやってもらっている子どもは、自分ではどうしていいのか分からず、自信がないままです。**自分でやらないから、自信がない**のです。そして親に依存するというわけです。

　大切なのは、子どもが自分の力でやるということです。そして、自分で責任を取ることです。良いと思われることも、悪いと思われることも、身をもって体験することです。そうやって、痛い思いやうれしい思いを味わうことで、それが自分のノウハウになり、自信になります。力がついて、今度は親の面倒を見ようと思えるようになってきます。

　一方、親は、子どもが自分の体力を追い抜き、働き出した段階で、いつまでも子どもに何かをしてあげるのではなく、逆に子どもからしてもらうようになること。これが重要です。

　このように、親子関係の逆転が最も大切なことであり、必要なことなのです。そして、こうなって初めて、子どもは本当の意味で一人前になったということになります。

「何かをやってあげる」ということの意味合いを勘違いしている人が多過ぎます。親は、普通、「子どもに何もしてあげられないから、せめてお金という形で助けてあげよう」と思うでしょうが、逆に、「子どもには何もしてあげられないから、せめて小遣いをもらってあげよう」と思えるようになることが大切です。

　親と子が逆転していくことが本来あるべき姿です。そして、子どもからもらうことが、実はその子どものためにもなります。

このように、子どもから「**もらってあげることが、やってあげていること**」という発想を、すぐに分かる人が増えれば、教育がガラリと変わり、世の中がガラリと変わっていくと思います。

脳の働きを宇宙の法則に沿わせる

動物は、時期がきたら子どもを手放します。親鳥は、ひな鳥が空を飛べるようになったら、無理やり巣から落としてまでして自立させます。

動物にとって、自立とは、命がかかっていることです。親元から離れて自分で餌を捕るということは、生きるか死ぬかの問題であり、それが種を存続させよう、永遠に命をつないでいこうという宇宙の仕組み、法則そのものであるといえます。

人間も、本来はそのような本能を持っているのですが、脳が邪魔をしているために、なかなか子どもを手放すことができません。私がやっていることは、こうした**人間の脳の働きを宇宙の法則に沿う**ようにすることなのです。

宇宙の中に地球があり、その地球の中に私たちがいます。宇宙からはみ出ているものは何一つありません。私たち人間も宇宙だし、動物も、昆虫も、草花も宇宙です。

そして、宇宙には法則があります。これは絶対法則であり、人間がつくったものではない世界があるわけです。この「宇宙の法則」は完全完璧で、それを「神」といってもいいでしょう。

私たちは、**「宇宙の法則」の中で生かされ、「宇宙の法則」と一体**です。「神」や「宇宙の法則」というのは、目に見えないものですし、人間の心ではなかなか理解できないものかもしれません。人というのは、理解できないものに対しては、どうしても否定しがちです。かつて、「蒙古軍が攻めてくる」という噂が流れたとき、蒙古軍という知らないものに対して恐怖を覚え、皆がおびえました。このように、分からないもの、理解できないものには恐怖を持ち、否定するのです。

私たちが食べ物を食べると、必要なものは栄養分として身体に消化吸収され、不要なものは外に排出されます。また、皮膚に傷が出来れば自然に治そうという働きがあり、放っておいても傷は治ります。これは、私たちが意識的に行っているものではなく、私たちの内部で宇宙の法則が自動的に働いているからです。私たちは宇宙であり、宇宙の法則と一体なのです。

ですから、私たちは宇宙の法則を知らなければなりません。そして、それを基準にすべてを行わなければなりません。それは、家庭においても全く同じです。最も身近である夫婦関係、親子関係を宇宙の法則に沿うようにすることです。そして、宇宙の法則に沿った夫婦関係、宇宙の法則に沿った親子関係からスタートし、それを社会へと広げていけばいいのです。さらには、宇宙の法則をもとにして、教育、政治、すべてを行っていくことです。

依存するとけんかになり、自立すると仲良くなる

アルコール依存症の男性と、薬物依存症の男性、お二人に必要なのは、自立です。自ら（自力で）立つと書いて、「自立」と読みます。お酒や薬、親からもらうお金は他力です。そして妻もまた、ある意味で他力なのです。

自立できるようになると、他への感謝が生まれてきます。最初から自分以外の何かに頼り、依存していたならば、やってもらうことが当たり前となっているので、感謝の気持ち

など出てきようがありません。それどころか、やってくれないことに腹を立て、「なんでやってくれないの？」などと怒ったりするようになります。

ですから、**他者へ依存すると不満が生まれ、けんかになり、自立すると、お互いに感謝し合い、仲良くなる**のです。他人に頼って、求めて、周りのせいにする依存の心が、夫婦、家族、そして社会の中に対立を生み、無用の争いや苦しみを生むことになるのです。

では、どうすれば自立できるのでしょうか。

人は、「真我」として、もともと完全完璧な存在です。完全完璧だからこそ、何者にも依存する必要はありません。まず、この真理を知ることです。

では、次章でその「真我」について、くわしく説明していくことにしましょう。

2. 究極の自立

心は三層構造になっている

世の中には、運のいい人、運の悪い人といわれる人たちがいます。なぜかいつも周りからうらやましがられるような結果や展開に恵まれる人たちがいる一方で、いつも周りから気の毒がられるような結果になってしまったり、最悪の状況に陥ってしまう人たちがいるのです。これは、経験的にどなたも異論はないでしょう。

ここでは、こういった現象がどのような仕組みで起こるのかについて説明したいと思います。

そもそも、「運」は何によってもたらされるのでしょう。これは、目に見えない力などではありません。「運」を引き寄せる最も大きな要因は「心」なのです。

私たちの心は、大きく二つに分かれます。「プラス」の心と「マイナス」の心です。プラスは愛で、マイナスは恐怖です。野生の動物は、あらゆる行動の原動力がこの「愛」か「恐怖」かによって起こります。しかし、人間の心というのはもう少し複雑で、三層構造になっていると私は捉えています。

まず一番上の層というのは、「頭」の部分にあたり、これは「観念」と言い換えることができます。一般的に、勉強したり、読書や見聞によって得た知識などはここで醸成されて、価値観へと変わっていきます。

その次、真ん中の層は、私たち人間が、生まれてからいろいろな環境の中でさまざまな経験をして、それらが記憶されていくところです。この記憶は、「頭（観念）」ではすでに忘れ去っていることであっても、深いところに刻み込まれていて、決して忘れるということはありません。私たち人間は、遺伝子という「先祖からの記憶」に、前世という「魂の記憶」が折り重なって生まれてくるのですが、仏教や精神世界でいう「業《ごう》」や「カルマ」も、この「心の三層構造」の真ん中の部分にあたります。

そして、三番目の一番奥にあるのが「真我」の層です。「真」の「我」、「本当の自分」です。ただし、「本当の自分」といっても、他人に評価される自分や自分自身が思っている自分ではありません。

他人が思っている自分に対してのイメージというのは、普段の思考や言動、表情などによって形づくられていきます。しかし、自分の普段の言動というのは、必ずしも本当の自分を反映しているわけではありません。例えば、私はかつて刑務所で講演をしたことがあるのですが、その時、一般的には極悪人と思われている人たちの心の中にも、実はものすごく優しい心があるのを発見しました。育ってきた環境や経験から、もともとある本当の自分とは違う心の癖がついてしまっているということが往々にしてあるのだと実感したのです。

どのような人の心の中にも、「心の三層構造」の最も深いところには、素晴らしい「本当の自分」がいます。それが「真我」です。たとえそのことに気づいていなかったとしても、真我は間違いなくあなたの心の中に厳然と存在しているのです。

個体意識を排して宇宙意識になる

「真我」は、全体意識であり、「宇宙意識」といってもいいでしょう。

先ほど、人間は遺伝子という「先祖からの記憶」に、前世という「魂の記憶」が折り重なって生まれてくるというお話をしました。そして、「心の三層構造」の真ん中は、生まれてきてからの記憶が蓄積されていくところであるということも述べました。

そうした「記憶」という点からいうと、心の最も奥にある「真我」というのは、「宇宙の記憶」ともいえます。

また、「宇宙意識」という全体意識に対して、個体意識というものがあります。私は、それを「真我」に対して「偽我《ぎが》」と呼んでいます。「偽《にせ》の我」です。

この「偽我」があるために、人間には迷いが生まれます。物事を、利害関係といったエゴを交えて見てしまい、人間対人間の関係が誤解の塊となります。「あの人はいい人だ」、「あの人は悪い人だ」と、自分の想像を加えながら、思い込みで相手を判断しますから、人によっては、同じAさんという人に対して全く逆の解釈をすることがあるのです。

一方、「真我」は「本当の自分の心」です。そして「調和の心」「愛の心」です。しかも、それは個体意識ではなく、全体意識であり、「宇宙意識」ですから、個体意識である人間の心のように、自分と他とを区別し、分離して考えません。すべてが一つで、すべてが仲間であり、味方です。

もし、すべての人がそういった宇宙意識的な発想になれば、人間関係において誤解など生じるはずもなく、争いは消え、世界は一つになります。ですから、**本当の自分を知れば世界は一つになります。**

「真我」は、エゴや価値観といった多くの心の垢や埃などに埋もれていたり、あるいは厚い雲に覆われていて、姿が見えないかもしれません。でも、見えないからといって、存在しないわけではありません。垢や埃、あるいは厚い雲の向こうには、確かに存在しているのです。

真我は、それが確かに存在していることを自覚しなければ、決して出てきません。たとえどんなに厚い雲に覆われていようと、その上にはいつもさんぜんと輝く太陽があるように、確かに存在しているのだと自覚することが大切です。

また、この「宇宙意識」である「真我」は、「内なる神の心」ということもできます。まさに自分の中に存在する神といえるのです。

「本当の自分」には敵はいない

個体意識である「偽我」から人間を見ていくと、人間というのは弱い生き物だといえます。

しかし、「宇宙意識」である「真我」は、そうではありません。「真我」は完全完璧であり、神です。だからこそ強いのです。そして、私が常に焦点を当てているのは、この「真我」だけです。しかもそこから一切ぶれることはありません。

私がもし、人間を弱い生き物として対処したとしたら、きっとアルコール依存症も薬物依存症も解決には至らなかったと思います。私はいつも、「人間は神（真我）として強いのだ」という大前提の上に立って、そこから一切ぶれることなく向き合いました。「あなたは強いのです。あなたは真我であり、完全完璧だから」という大前提で、そこから一歩も下がりませんでした。それによって、依存症が解決していったのです。

「本当の強さ」というのは、「本当の自分（＝真我）」で生きている状態です。これが、究極の自立です。たとえどんな出来事が起こったとしても、周囲の人たちから誹謗《ひぼう》中傷されたり八方塞《ふさ》がりで絶望の淵《ふち》に立たされるようなことがあったとしても、その現象面に振り回されることなく、本当の自分で揺るがないこと、「真我」である「愛の心」「感謝の心」「喜びの心」でいられることが、本当の強さであり、究極の自立なのです。

人を許せる人は強い人です。「ひどいことをされた」と、人を許せないでいるのは、自分を守っているからです。何かを恐れて、自分を守っているということなのです。しかし、本当の自分である「真我」は、もともと、最初から許せています。**敵などいない、すべての人が味方であるという無敵の境地、これが本当の強さ**です。

世間一般にいわれている「依存」とは、あくまで自分の周りにある物事や他者への依存のことをいっています。

しかし、自分自身に依存するというのはいいことです。ここでいう自分自身というのは、「本当の自分」、「真我」のことです。「真我」である本当の自分に依存することは、実は依存ではありません。外界にあるものに依存することが問題なのであって、**自分の内界に依存することは、依存ではなく究極の自立**になります。

私のところに来た人の多くは、最初は私に「なんとかしてほしい」と、依存しようとしますが、私はあくまでも自分自身に依存させようとします。なぜなら、何かに依存したり、何かのせいにしたりする心が、社会にいろいろな問題を生じさせているということが見えているからです。今回のケースでいうと、親からお金を借りるという甘えの心、依存のエネルギーの向きが、お酒や薬物への依存につながっていくのだということが見えたわけです。

そもそも、その人自身は神であり、完全完璧な存在なのですから、本来、依存する必要はありません。そういう考え方でこちらが対応していると、自然と相手は私に依存するのではなく、自分自身に依存、つまりは究極の自立をしていくようになります。

人間にとって一番大事なのは、自立です。もっというなら、究極の自立です。究極の自立とは、親元を離れて一人暮らしをしているとか、自分でお金を稼いで経済的に自活しているとか、そういう表面的なことを指しているのではなく、どんな状況に置かれても、決してぶれることのない本当の自分でいることを指しています。すなわち、「真我」で生きるということです。

そして、「真我」は「内なる神の心」であり、**依存していいのは自分自身の中にあるこの「神の心」だけ**です。内なる神の愛だけなのです。これが究極の自立です。あとは何にも依存してはならないし、その必要もありません。

この自立プログラムでは、「あなたは強いのです。あなたは『真我』であり、完全完璧だから」という大前提で、それぞれの問題と思われることに向き合いました。それによって、アルコール依存症の男性、薬物依存症の男性は、それらを見事に克服されました。

実際に私が行った自立プログラムについては、次章からお話ししていきたいと思います。

男の自立、女の自立

先ほど、本当の自分「真我」で生きている状態が、本当の強さであり、究極の自立であると述べました。今度はもう少し具体的に、また違った角度から、「男の自立」「女の自立」ということについて説明していきましょう。

それは、男と女の本当の生き方、ということになると思うのですが、男女それぞれに特徴のある身体を与えられており、天は、その身体に答えを示してくれています。一般的には、男性は筋骨隆々で、大きくて頑丈で力が強く、能動的です。女性は、脂肪が多く柔らかで、小さくて、しなやかで、力は弱く、受動的です。

私は常々、「性器が先生」と言っています。ここでは、細かい説明は省略させていただきますが、「性器が先生」というのは、そのように身体に示されているとおりに生きることが、男の自立、女の自立だという意味です。

では、まず男性の本当の強さについて取り上げてみます。

昨今、草食系男子といった言葉が流行語になるなど、「男性が弱くなってきた」と言われますが、私はそうは思いません。強さの概念が変わってきているだけなのです。

昔は、「力」の象徴である腕力の強い男性が女性にとって「強い人」でした。その後、時代を経てからは、仕事ができて出世のできる人、お金もうけのできる人が強い人であるという時代になりました。

しかし今は、心が大きく、包み込んでくれるような愛の深い人が強い人になってきているると思います。

大事なことは、このような概念の変化について、女性がはっきりと認識することです。

次に、女性の本当の強さについてお話しします。

天は、女性の身体に子を宿し、育てる働きを与えました。「身体に示され、与えられている働きを役割とし、そのとおりに生きることが強い」という観点から見れば、子どもを産み育て、子孫を残すことが女性の強い生き方であるといえます。

確かに、一般的に言われている自立という観点から考えると、子育て中の、働いていない女性は、夫に養ってもらっているのだから、依存していて弱いということになるかもしれません。しかし、実際にはそうではありません。子どもを産み育て、子孫を残すという役割を果たしている女性は、天から与えられた本当の生き方をしている強い女性といえるのです。これが、私の言う自立です。

「それでは、子どものいない女性はどうなのだろう?」という疑問が出てくるかもしれません。そのように尋ねられたとき、私は次のようにお答えしています。

「自分の子どもを愛するということより、さらに次元の高い、周りのすべての子どもを愛するという役割があります」

親戚の子ども、近所の子ども、日本中の子ども、世界中の子どもに対して、まるで自分の子どもであるかのように愛情表現していく。もともと母性が備わっている女性には、それができるのです。

要するに、子どものいる、いないにかかわらず、子どもたちを自分の分身のように考えて生きればいいのです。女性は、すべてを受け入れる柔らかさ、まろやかさを、もともと持っています。

そういう身体的特徴を踏まえて、私は、「性器が先生だ」と言っているのです。天から与えられた身体を十分にいかした生き方こそが本当の自立であり、また神様の意思に自分の意思を合わせていくことであり、「宇宙の法則に沿う」ことなのです。

3. 自立プログラム

相手を愛と感謝で満たす

野生の動物がそうであるように、人間も生きるか死ぬかというギリギリのところまで追い込まれたときに自立できるものだと思います。

そのため、自立プログラムは、理想としては本人たちをそういった極限のところにまでもっていき、そこから始めるというのが自然であるかもしれません。

かつて、ヨットを使ってスパルタ教育をした人がいました。彼もまた、生きるか死ぬかの極限に追い込まれたときに出てくる自立を養いたかったのかもしれませんが、実際には、それによって何人かの生徒さんを死なせてしまったために、刑事事件になり、社会問題になってしまいました。

私は、彼があの教育の中で目指したところ、採り入れた考え方はよく理解できます。しかし、自立をさせる教育で、その子を死なせてしまったのでは、やはり筋違いと言わざるをえません。方法が違っていたのです。

当時、一連のニュースを見ていて、「今度は私がやらなければならない」「これは私がやるべきプログラムだ」と思ったものです。なぜなら、そのとき、自立というのは、真逆からのアプローチによって初めて成功するということがわかったからです。つまり、生命ギリギリのところまでの激しいタスク、苦難を与えることではなく、その真逆である「愛と感謝で満たす」ことによって間違いなく成功すると確信できたのです。

この、「愛と感謝」であらゆる問題を解決していく、これこそが、今回の自立プログラムの真髄なのです。

その人が深いところで望んでいることに協力する

これまでの私のやり方は、相手の意見もよく聞いてまとめていくという方法でした。

しかし、今回のプログラムは、そうではありません。**真我という「完全完璧」から答えを出す**方法ですから、全く異なる手法をとっています。

その場合、私が妥協するわけにはいきません。そのため、一方的な印象を受けることがあるかもしれませんが、実際にはそうではありません。

例えば、仮に今、ここでコーヒーをこぼしたとしたら、「服やこぼした場所を早く拭かないとシミになる」と、慌てますよね。しかし、コーヒーを飲んでいる場所の近くに崖があったとしたらどうでしょうか。自分の後ろが崖になっているのに、暗くてよく見えない。その崖に向かって歩きながらコーヒーを飲んでいて、あと一歩で崖から落ちそうになっている、そのような状況にあったとしたら、こぼしたコーヒーを拭いているどころではありません。

そこで私が「こぼしたコーヒーなどどうでもいいから、そこから早く移動しなさい。そのまま進んではいけませんよ」と言います。しかし、コーヒーをこぼした人も、周囲の人も、目の前に起きたこぼれたコーヒーしか見ていないとすると、佐藤は一体何を言っているのだろうと思うわけです。早くコーヒーを拭かないとシミになるのに、ヘンな指示をしている、場にそぐわない指導をしているなどとも思うわけです。

コーヒーをこぼしたときには、「あっ、たいへん！　早く拭かなければ」と、誰もが思います。しかし、すぐにこぼれたコーヒー以外のことにも気を配るようになります。そうして、崖が迫ってきていることを知ると、ああ、やっぱり佐藤の言ったとおりだった。急いで逃げなければ——と思うわけです。それは、百人いれば百人ともそのように思うわけで、意見が一致するわけですね。

以上の例のように、私が先に答えや結論を言うと、当事者たちは必ずしもそれをベストな方法としてすんなり受け入れ、すぐに実行に移してくれるわけではありません。実際には、ついてくることのできない場合や、軽重の判断がかみ合わないということも往々にしてあります。しかし、最後には先ほどの例のように一致するのです。

では、なぜ最後に一致するのかというと、私がしているのは、その人が**深いところで望んでいることに協力している**からです。私が終始一貫しているのは、まさにこの一点にあります。私が妥協しないのは、ここなのです。こぼしたコーヒーの例でいえば、深いところで求めているものは「命」です。命から見て、相手が最も望んでいることに協力しているわけです。

この自立プログラムでの私の発言は、佐藤康行の考えでも、哲学でもありません。また、佐藤康行が指導しているわけでもありません。当事者であるご本人の、最も深いところにある考えを応援しているだけです。

先ほど、真我から答えを出すと言いましたが、私は常に、真我という、本当の自分、本来目覚めている世界に焦点を当てて答えを出しています。そのほかは、眠っている夢のような世界と言ってもかまいません。私は、目覚めている世界だけを見て、眠っている夢の世界は一切見ていないのです。

眠っている方を見て話をする場合、それを「同調する」といいます。私は、相手の夢の世界に同調するのではなく、**目覚めている世界である真実の世界だけを見て、そこから答えを出している**のです。

流れを変えるには、真逆のことをやる

この自立プログラムは、流れを変えるプログラムです。「**やってはいけないことをやらないプログラムではなく、やらなければならないことをやる**」プログラムです。やるべきことをやっていくと、やるべきでないことはできなくなっていきます。

具体的には、今回のプログラムでは、アルコール依存症の男性にも薬物依存症の男性にも、依存しているものを「やめなさい」と強いるのではなく、「代わりのものを用意しなさい」と言いました。「やめなさい！」とは言わずに、「飲みたいなら、どうぞ飲んでくださいさい」とも言いました。そこが、通常の指導と根本的に違うところです。一切無理を通さないのです。

アルコール依存症にしても薬物依存症にしても、そもそも、お酒や薬への依存につながった、加速化させた理由により向かっていた方向があります。ですから、それとは逆の

方向に向かう行動や対処をすれば、お酒や薬を減らすことができ、ついにはやめることができるということになります。

では、どのようにすれば進む方向を逆にできるのか、ものの流れを逆にできるのかということになりますが、それは日常生活で真逆のことをすればいいのです。

実際に、依存症のお二人が立ち直ったのは、今までとは真逆のことをしたからです。具体的には、親からは一円たりとももらわない。金銭的な援助を断つだけではなく、いろいろと親の面倒を見る。そういったことが、「流れを変えてやらなければならないことをする」の部分です。そのようなことを中心に、日常生活の中で今までとは真逆の行動をしたわけです。

このように、日常生活における習慣や行動を見直して、真逆をしていくことで環境を変えていく。実際にそのようにして結果を出しながら、お酒や薬物をやめることだけではなく、甘えの構造になっている心そのものをつくり変えるところまでいくというのが、このプロジェクトの全貌です。

人間は同時に二つのことを考えられない

人は、同時に二つのことを考えることはできないという脳の構造、心の働きを持っています。このことを実感するために、今少しの間、本を横に置いて、実際にあなたが「幸せだな」と感じることを頭に思い浮かべてみてください。

どうでしょうか。「幸せだな」と感じている時、不満や怒りの感情を感じることはなかったと思います。

このように、人間の心は同時に二つの感情を感じることはできないのです。

相手の良いところを見ていたら、悪いところは見えなくなります。そして、相手の変化をきちんと認めて、「変わってきているな」と思っているときには、そうではない部分、変化していない部分は見えません。ですから、変化していないところを責める気持ちや不満の気持ちは出てこないのです。

さらに、相手の良いところや、相手の変化を認めたその心を言葉にし、行動に表すようにすると、もっと大きく、本格的に流れが変わってきます。

どちらに焦点を当て、どちらを見るのか。これが、今回のプログラムのもう一つのやり方であり、ポイントです。

対話だけで依存症が治っていくミラクル対談

まず、今回の自立プログラムに参加されたお二人の男性とそのご家族の参加当初の実情をご紹介しておきましょう。

■自立プログラムの参加者

大葉豊行・ちづる夫妻…ご主人の豊行さんがアルコール依存で失業中。親と同居。
増田さん…大葉豊行さんの妹さんのご主人。豊行さんにとっては義理の弟。
川端龍一・早紀夫妻…ご主人の龍一さんが薬物依存。学校の教諭。
山里さん…早紀さんの父親。龍一さんの義父。

●大葉豊行・ちづる夫妻のケース

大葉　お酒を飲むと、ブラックアウトっていうか、何にもわからない時間帯が出来てしまいます。記憶が飛んでしまうんです。

佐藤　飲んでいるとき記憶が飛ぶということを繰り返し、脳が萎縮していって、飲んでいないときにも頭がボーッとして、ポッ、ポッと重要なところが抜けるのです。大葉さんには、すでにその傾向が見られますね。ずうっとアルコールを飲んでいて、記憶が飛ぶのは、普通の人でも泥酔したときにはよくあることですが、アルコールを飲んでいないときにも記憶が失われる部分があって、記憶が抜けた状態になるということです。

大葉　確かに――。まったく飲んでいない状態のときに、フェードアウトっていうか、頭が回らないことがあります。

飲みたくないときは、二カ月でも三カ月でも、絶対に飲みません。ただ、アルコール依存症の怖いところは、外界の何らかの刺激で、また飲み出しちゃうところです。何しろ私は、これまでに三十二回も入退院を繰り返しているのです。ですから、いまは飲まない、ここ一週間飲んでいないからといって、治ったとは言えません。

お付き合いとかお酒に誘われたりしたことをきっかけに、また飲み始めると、みなさん思っているようですが、アルコール依存症は隠れて飲むため、そのようなことはありません。飲み始めるきっかけは、外からのちょっとした刺激やきっかけで、たまたま通りがかりにお酒の自動販売機があったとか、これといった理由はないと

佐藤 いった方が正しいんです。気がついたときにはもう飲んでいるのです。それは、お金も入って安心して、気がゆるむ月末が多いようです。

これからは、もう一生飲まない、一生涯アルコールを口に入れない、完全に断つ、そこがポイントですね。一杯くらい、の気持ちが、人が見ていなければ二杯、三杯となる。そういうことですね。まだ自信がないということですね。

大葉 そうです。また繰り返す可能性はあります。

佐藤 アルコール依存症は、調べれば調べるほど本当に難しいですね。死ぬまで飲んでしまう。その間に、肝臓から腎臓から、身体はボロボロになる。これでもう一歩やったら、本当に逝ってしまう可能性はありますよね。

大葉 はい。膵《すい》臓はガタガタです。

佐藤 アルコール依存症は、真綿でじわじわ首を絞めるようなものですから、気がついたらもう手遅れになっている。大葉さんのお母さん、どうですか?

母 会社に行っていたときは飲んでいなかったと思います。しばらく真面目に会社に通って、その後に、ひょっと飲んだら、もうずるずると飲み出すのです。

佐藤 お母さんとしては心配ですよね。

母　お医者さんに呼ばれて、「もうダメかもしれない。五分五分です」と言われ、「どうぞ、なんとか助けてください」というようなことがあって、一週間もたたないうちに、ぴんぴんになって退院するのですよ。お医者さんも「おかしいねえ」って、首を傾《かし》げます。そうして退院して、しばらくはいいのですが、そのあと飲み出すのです。

佐藤　お酒を完全に断ったら、内臓の機能は回復しやすいのですね。奥さんはどうですか？

ちづる　もう正直、いつも格好つけて、ごまかして、増田さんには大変なご迷惑をおかけしています。増田さんの家の駐車場で、酔って身動きがとれないようなこともありました。

佐藤　これまでに何度もお酒をやめたことはあって、安心してフーッとなったときに、知らず知らずまた飲み始めて、飲み続けるということですね。

大葉　最初のころは、そんな自分がいやで、会社でも追い込まれてしまって、もう逃げ場がない、もう自殺しようと、手首に刃を当ててるけど、できない。そんな恐怖に苛《さいな》まれたときにも飲みますね。それに、眠れないときにも飲みます。

佐藤　禁断症状としては、どのようなものがありましたか?

大葉　私の場合は、吐き気と目眩《めまい》、それに頭痛です。あと、眠れなくなる、イライラするというのもあります。

佐藤　それらのことで、誰かに迷惑をかけたことはありますか?

大葉　言い合いをしたとか、立ち小便をしたとか、父親と取っ組み合いになったとか……。仕事の報告をしていなかったということもありました。

佐藤　奥さんに対してはどうですか?

大葉　コーヒーを引っかけたことがあります。暴言、暴力もあったのかもしれません。記憶にないですけど。

佐藤　どうですか、妻の立場で。アルコール依存により起きる出来事として、ほかに何かありましたか?

ちづる　嘘をつくというのがありました。電話をかけまくるというのもあります。

大葉　膵臓、肝臓はボロボロで、脳は萎縮しているようです。心臓は大丈夫なのですが、高血圧で、自律神経もおかしくなっていると思います。

佐藤　性的には、どうですか?

大葉　かなりダメになっています。
佐藤　目、鼻、耳、味覚などは、どうですか？
大葉　左の耳がときどき聞こえなくなります。
佐藤　人間ドックとか、入ったことは？
大葉　一カ月前に入ったばかりで、膵臓、肝臓がボロボロになっていることがわかりました。あと一年アルコールを続けていたら、危なかったですね。腎臓、肝臓がギリギリのところで動いているという感じですから。

●川端龍一・早紀夫妻のケース

早紀　薬物の場合は、禁断症状に痛みが出てくるので、そこがしんどいところです。これまでもやめようと何度も決心したのですが、そのたびに痛くてたまらなくなって、また薬を飲んでしまうのです。
佐藤　薬が切れると、川端さんの場合、どのようなことになるのですか？
川端　関節のすべてが痛くなって、油が切れたロボットみたいに動かなくなります。

佐藤　そんなときに薬を飲むと、ラクになるのですか？

川端　薬局で売っている鎮痛剤程度でも、飲むと痛みはなくなります。

早紀　主人の場合、学校の先生という仕事をしているので、痛くなると仕事に支障が出てくるので、子どもたちのために、というようなことになって、つい飲んでしまう。

川端　（泣きながら）友人が二人死んでしまって……。薬をやめることができなくて、死んだ方がましだと言って……。親に迷惑かけて、揚げ句のはてに、本当に死んでしまったんです。

佐藤　まわりに迷惑をかけて、いたたまれなくて自殺をしてしまったんですね。

川端　そうです。もう、遺書も書けないところまできてしまっていて……。

佐藤　それは良心が苦しめたのですね。自分の愛の心が、自殺に追いやったのですね。

川端　薬は、本当にやめなければならないと思います。……自殺をした友人の遺骨なのですが、お母さんが骨壺に入れようと、骨をつかむ棒でつかもうとしたとき、薬でやられてしまっていて、骨が崩れてつかめなかったって……（涙）。

佐藤　川端さんは、自分自身から逃げたいというようなことはなかったですか？

川端　ありましたね。

佐藤　それと薬の量は関係ありますか？

川端　あります。逃げたいと思うと、「ものすごく悪いことで、絶対に治らないのだ」って思ってしまいます。

※

それぞれのご夫婦とこのような会話をした後、依存症の男性お二人に、「もし、飲めばパタッと死ぬということであっても飲みますか？」と聞いたところ、アルコール依存症の大葉さんは、「死ぬのならやめる」という答えでしたが、薬物依存症の川端さんの方は、「死ぬとわかっていても飲むかもしれない」という答えでした。そういった状況から、このプログラムはスタートしたのです。

根本原因と環境原因

物事には、必ず根本原因と環境原因があります。

根本原因というのは、心の根っこにあるもので、俗に言う「トラウマ（心の傷）」もこれに含まれます。これは、親との関係などが大部分を占めます。そして病気などの根本原因には、心の他に、遺伝子もあると考えられるでしょう。

環境原因というのは、今、もしくはその当時の状況や置かれている環境、そしてその時間、空間を共にした人間関係と考えてもらえるといいと思います。

そこで、川端さんと大葉さんの根本原因と環境原因を分析しました。

まず、根本原因ですが、川端さんの場合は、父親と、過去の恋人のトラウマでした。大葉さんの根本原因もまた、父親です。

次に環境原因ですが、川端さんも大葉さんも親への依存です。川端さんの場合は、金銭面において薬代を親に援助してもらっているという状況がありました。大葉さんの場合は、無職で収入のない状況と、それにより親と同居している上に、金銭面において親に頼り、親に借金までしている状況でした。

●根本原因：川端さんのケース

川端　僕の父と母は別居をしているんですが、僕が小さいとき、父が浮気をして、その相手の女性が家に乗り込んできたんです。そのときはすぐに金銭で解決をして、大きな問題にはなりませんでした。しかし、それ以来、母は父と口を利かなくなり、母は食事も作らなくなったので、父は自炊するようになりました。

父方の祖父はばくちが好きで、ばくちで家も取られ、子どもたちは貧乏暮らしだったということで、父は祖父をとても恨んでいました。しかし、その父もパチンコ依存症と言っていいほど、パチンコが好きでした。

母親は優しいのですが、父のたった一回の浮気で、もう一緒にいられないくらいになってしまい、一緒にご飯も食べられなくなったというような言い方をしていました。それで、家にいるのなら、自分の見えないところで生活をしてほしいとか…。

佐藤　それが自分に影響している？

川端　はい。そう思います。自分はそのころは中学生でしたが、警察に捕まるくらい悪いこともやっていて、母親は父親に愛情を与えないで、僕のことは何とか一生懸命にやってくれました。僕は、父親のことは絶対に許せなかったですね。

佐藤　そこがかなりのポイントですね。

※

このように、川端さんの薬物依存症の根本原因は、お父さんです。薬を飲むことによって、深いところでお父さんに仕返しをしていたといえるでしょう。その仕返しを、直接的にやるのか、間接的にやるのかの違いです。相手に直接手を出し、やっつけるのも仕返しですが、自分が苦しむ姿を見せたり、暴れてみせたり、わざと破滅していく方向に自分を持っていって、それを親に見せるというのも仕返しだといえるのです。

直接相手をやっつけるというように外に向けていたものが、自分の方に、内に向いてくると、うつ病になったり引きこもりになったり、依存症になったりします。私から見ると、これらは全部同じです。それが見えていましたし、わかっていましたので、このプロジェクトの成功に自信があったのです。

そしてまた、川端さんには次のようなトラウマも、根本原因の一つと考えられます。

※

早紀　主人がいつか話してくれたことなのですが、薬を飲むようになったきっかけは、結婚する予定だった彼女が離れていってしまったことだというのです。そのとき、狂ったような精神状態になって、それを止めるための手段として薬を飲んだと。彼が普段、あまり愛情表現をしないのも、そのことに関係があるようです。好きになり過ぎると狂ったようになるので、それでセーブをしているということかもしれません。

佐藤　そのときのトラウマが残っているのですね。

●根本原因：大葉さんのケース

大葉さんの義弟である増田さんが、大葉さんとお父さんとの関係について、次のようにおっしゃいました。

※

増田　私は大葉さんを十年間見てきていますが、何も変わっていません。どうしたら治るのかと、私自身、自分なりに考えてきました。医学的なことは別にして、やはりファーザーコンプレックスが取れていないのです。お父さんに対する対抗意識をとても強く感じます。一つは、乗り越えられない山を何とか乗り越えてやろうとする意識。もう一つは、お金に困ると逃げ込もうとする意識です。親を尊敬するというより、あいつを超えてやろうとか、あいつにこんなことされたという思いを一番強く感じるのです。

先生、お願いがあります。親がいなければ自分はいない、「親には感謝するもの」という原点を、大葉さんに教えてやってください。いまだに自分の父親に殴りかかるのですから。

大葉 親父に食って掛かって、相当殴りかかったりしたようなのですけど、やったことすら覚えていないのです。

佐藤 覚えていないことをやるというのは、それが一番の本心だと思います。わかっていて、悪いと思ってやるというのは、その状況による方便の場合がありますが、大葉さんの場合は、父親を殴ってやりたいというのが本心なのです。無意識でやるというのが本心であり、ここが根本原因なのです。

※

大葉さんの場合は、お酒の前に親に依存していました。そのうえ、殴ってやりたいほど「敵」とみなしている親のところに入って同居し、その「敵」である親にますます依存する傾向を強めて、何かの拍子に親に依存できなくなると、アルコールに依存したというわけです。

私は、これまで何万人と見ていますが、依存症の人が親元にいると、親に依存する傾向を強めていって、おかしくなってしまうことがほとんどです。親に依存している人は、大葉さんのように、心の底では親を「敵」だと思っているようなケースが多く、その「敵」である親に依存するということで、心が複雑に屈折していくようです。

ですから、依存症の傾向のある人は、できるだけ早く親元を離れた方がいいのです。この親への依存が、環境原因となっています。

●環境原因（親への依存）：大葉さんのケース

ちづる　両親と同居していて、仕事もしていなくて収入もないのに、アルコールそのもののほかに後始末というか、入院なども入ってくるので、トータルすると、かなりの金額が……。

佐藤　そのお金はどうしているのですか？

ちづる　お義父《とう》さんが払うというか、片付けていくっていうか……。

佐藤　給料はあるのですか？

大葉　ないです。

佐藤 借金はあるのですか?

大葉 はい、実は親に五十万円借金しています。

佐藤 大葉さんの義弟の増田さんは、どう思われますか?

増田 いろいろと考えてみたのですが、アルコールではなくて、違うところに原因があるように思います。うちの会社では、大葉さんに肉体労働をやらせようと思いました。「とにかく汗をかけ。うちへ来て一《いち》からやれ。職場を与えるから働け。女房に食わしてもらうな。おチンチンついているなら、女房を食わせろ」と、そのあたりの考え方を叩き込んでやろうと思いました。大葉さんの場合、お父さん、お母さんが逃げ場になっているんです。すぐそこへ逃げてしまう。さっきも二日酔いで、身体がどうのこうのと、言い訳をしていましたが、二日酔いだろうが、体調が悪かろうが、みんながんばって仕事をしているのです。二日酔いだからといって仕事を休んだりはしないものです。そのへんの甘えが根本的な原因で、アルコール依存はその結果というか、言い訳というか……。

佐藤 大葉さん、そこのところはどうですか?

大葉 そのとおりです。「二日酔いです、ごめんなさい、今日は出社できません」ということで、つい休んでしまいます。

佐藤　認めるのですね？

大葉　はい、認めます。

佐藤　奥さん、言いたいことがあったら、言ってください。今は言いたいことをきちんと言った方がいいですよ。

ちづる　甘やかされているのですね。飲むこともそうですが、入院費もお父さんが払うのです。親のお金を使ってお酒を飲んで、体をこわして、検査や入院もすべて親のお金です。しかも、検査が好きで、わざわざ一般病院に行って内臓だけ見てもらって、飲める体にしているようなところがあって……。

●環境原因（親への依存）：川端さんのケース

早紀　収入は薬代で全部飛んでいってしまいます。

佐藤　薬代はいくらかかっているのですか？

川端　一番ひどかったときは、月に二十万円くらいでした。最近は、母親と妻が仲良く

早紀 なったので、母から直接お金をもらえなくなって……。
義母は、これまでは直接彼にお金を渡していたのですが、そうするとみんな薬代になってしまうので、義母と話して私が受け取ることになったのです。そのことによって、夫は自分の収入の中でやりくりをしなければいけなくなって、薬も自制できているのですが、それが不満で先日言い争いになりまして……。

川端 「あなたはどうせ薬に使うのでしょう?」と言われ、それでけんかになってしまって……。

佐藤 お金のことを表に出していますが、根本の問題は依存ですね。親がいつまでも子どもの面倒を見ることもヘンですし、親の面倒を見なければならない年齢になっているのに、いつまでも面倒を見てもらっていることもヘンです。

※

親への依存という環境原因を見ていく過程で、次第に、夫婦関係も環境原因の大きな一つであることが、はっきりと分かってきました。
二組の夫婦を目の前にして、それぞれと話をしていると、言葉はもちろん、雰囲気からも、妻が夫を責め、裁いているエネルギーが伝わってきたのです。

そして、川端さんも大葉さんも、自分自身を責める心があるところに、さらに妻から責められ、その責める心から逃れるために、薬やお酒の方にいくということが明らかでした。責めれば責めるほど、薬物やお酒にはまっていくのです。ですから、妻の言動がとても大切であり、依存症の克服は、まさに夫婦の共同作業なのです。

●環境原因（夫婦関係）：川端さんのケース

早紀さんを見ていて感じたのは、相当にご主人を責めているということです。早紀さんがじーっと川端さんを睨みつけていましたが、彼は目をそらしながらも、きちんと耐えていたのです。

早紀さんの責める心を直すのは、ご主人が薬を断つ以上に難しいかもしれないと思いました。なぜならば、ご主人は薬物に依存していることを悪いことだと思っていましたが、奥さんはご主人を責めることを悪いことだとは思っていなかったからです。「薬は悪いものだ」「それを正すのは当然だ」と思い、相手に対する善意で責めていたのです。

こういった夫婦のあり方で、ご主人は薬物に依存するようになったのですから、薬物依存を治すには、夫婦関係においても真逆のことをするしかないわけです。

●環境原因（夫婦関係）：大葉さんのケース

奥さんのちづるさんは、大葉さんの甘えの心に気づいていて、ガーッと文句をおっしゃっていました。しかし、妻からそのように責められると、もう逃げ場がないわけで、そうして、お酒の方にいってしまうのです。

妻なのですから、夫のことを心配していないわけがないのです。心配しているのだけれど、たまりにたまったものを口に出して、追いつめてしまっているのです。どのようにすれば大葉さんが立ち直れるのか、その方法を知らないから、そのようになっていたわけです。その方法とは、まずは「流れを変える」ということです。

流れを変えて、真逆にする

このように、過去にあった出来事や現在置かれている状況から、根本原因と環境原因を把握した後、大葉さんにも川端さんにも、流れを変えることから始めてもらいました。

具体的に言うと、大葉さんには、まずは仕事を見つけ、働いてお金を稼いでもらうことにしました。なぜなら、「良くなったら働く」というのは逆だからです。アルコールを飲まなくなったら働くようになるということではなく、働いていたら過度にアルコールを飲まないように、飲めないようになるのです。働く方が先なのです。年齢的にも、逆に親の面倒を見なければいけない段階なのに、いまだに親に頼っているというのはおかしいことで、完全に流れが狂っているのです。

さらに、たとえ千円でも二千円でも、働いて親に借金を返していくようにすることです。返す金額はどうであれ、そのことにより、これまでとは逆の流れが出てきます。逆の方向に動いていくのです。そして、最後にはきちんと返し終えて、そのあとは親にあげるという、今までとはさらに真逆に流れを変えていくことです。大葉さんには、そう決意をしてもらい、宣言してもらいました。

なぜそのようなことをしてもらったのかというと、親に面倒を見てもらっている「甘えの構造」が、お酒への依存に変わっただけだということが見えてきたからです。この流れを変えるには、面倒を見てもらう側から、面倒を見る側へと逆転する必要があり、そのための一つの実践が、親からの借金の返済だったのです。

次に、川端さんの場合は、今の夫婦のあり方とは真逆のことをしてもらいたいと提案しました。すると、早紀さんが、「夫を責める自分の心のクセを直すために、彼が良いところや、素晴らしいところを見つけて、それを伝えます」とおっしゃいました。

私は、これを**「美点発見」**と呼んでいます。「美点」というのは、素晴らしい点ということです。それを発見するのです。この「美点発見」をしていれば、それが自然と言葉に出てくるようになります。そうすると、今までの夫を責めるような言葉が、夫を褒める言葉に変わるのです。このことにより、流れが変わっていきます。人間の心は正反対の二つのことを、同時にはできません。相手の良いところを見ていたら、悪いところは見えなくなるのです。

ただし、「美点を言わなければいけない」と思うと、逆に言いたくなくなることがあります。ですから、「しなければいけない」と思うのではなく、ただ、彼の素晴らしいところしか見えなくなるまで発見していくようにします。すると、それが自然と言葉になります。言葉を考えるよりも心なのです。「素晴らしいなあ」と思う、その心から自然と言葉が出てくるのであって、心が先なのです。

そしてそれを、夫に対して実践する以前に、すべての人に対してできていれば、もっとスムーズに事が運びます。なぜなら、いきなり夫の美点を発見しようとするよりも、普段からすべての人や物事で練習し、習慣にしておくことで、夫に対しても自然にそうできるようになるからです。そして、その心から言葉が出てくるのです。

また、流れを真逆にして働き出す大葉さんのために、妻であるちづるさんにも、これまでの真逆の行動をしていくようにお話ししました。それは、妻として夫を愛で満たすということです。夫は愛が不足していますから、「欲しい、欲しい」という気持ちでいっぱいになり、「甘えの行動」へと駆り立てられています。「欲しい、欲しい」という気持ちでいっぱいの「甘えの構造」が「甘えの行動」につながっているのです。

ですから、ちづるさんの愛で大葉さんの心を満たしてあげれば、「欲しい、欲しい」とは思わなくなるでしょう。そのようないびつな欲求がなくなり、結果として「甘えの行動」もなくなっていくのです。

環境の変化から根本原因を変える

親は、子どもから手が離れるようになるまで、いろいろと面倒を見てくれますが、普通は親が先に年をとり、この世を去る日が来ます。ですから、成長して、ある時期が来たら、親に面倒を見てもらうのではなく、親の面倒を見るというように、流れが逆になっていかなければなりません。そうなれば、本当の意味で自立し、依存症を克服できるのです。

また、そうなると、ふと湧き上がってくる思いも変わってきます。

ふと湧き上がってくる思い、チラッと浮かぶ心、これが問題の根本原因です。この根本原因を、かたちから、環境から変えていくということです。環境から変えていくというのは、大葉さんには、まずは働いてもらうことであり、そして、川端さんの妻である早紀さんには、ご主人の美点を発見してもらうことです。また、大葉さんの妻であるちづるさんにも、夫を愛で満たすことを自分なりに考えて、それを実践していってもらいます。

このように、大葉さんは、自ら環境を変えて、妻であるお二人は、ご自分を変えることにより、それぞれのご主人の環境を変えていきます。それぞれが、今までとは流れを変え、真逆の行動をすることにより、環境を変えていくのです。

真逆の行動をすることによって、その行動に心がついていき、そのような心が出てきます。そして、**自分がやっていることと、自分が心で思っていることが同じになっていく**のです。

単にお酒や薬を断つにとどまらず、心の奥底にあるものを綺麗にする、根っこを綺麗にするという、根本原因にまで手をつけるためには、環境の変化が大変重要であるため、まずはそこからやっていただくことにしました。

それによって、二組のご夫婦それぞれに変化が出始めました。

●川端さんのケース

佐藤　川端さん、その後、薬物摂取に変化はありましたか？

川端　量的にはどんどん減っていて、いまは半分くらいになっています。

佐藤　減らして、どうですか？

川端　つらくないです。もっと減らせるとは思うのですが……。

佐藤　いきなりは減らせないものなのですか？

川端　わからないという感じです。これは勝手な予想ですが、いきなり減らすと激しいものが来て、最初の状態に戻るのではないかと――。

佐藤　激しいものって、痛みがあるということですか？

川端　ゆっくりやっていくのがいいのかなって思います。「治らない」と思っていたときは、量を減らすなんて絶対にあり得ない、依存するものだと思っていました。

佐藤　「飲んだら死ぬとしても、それでも飲む」と言っていた人が、量が半分になって、もう一人はパタッとやめました。流れを変えることになるから、最初がとても大事なのです。

早紀　私は、この前に言っていただいたことで、知らずに裁いてしまう癖のあることに気がつきました。今までは、いつも「できる」方にいたので、自信があって、それで主人を裁いてきました。それが悪いことであるとはっきり見えてきて……。

佐藤　奥さんはずいぶん変わりました。顔つきが全然違います。とても柔らかい顔になっている。以前は、ご主人を見る目がピーンと張りつめていました。

川端　今までは、周りもやさしい声はかけてくれるけれど、心の底には「悪いことをしている、かわいそうな人」という思いがある、と受けとめていました。今はそこが全然違っていて、同じ言葉をかけられても、受けとめ方が全然違うのです。

＝それから1週間後＝

川端　体がすごくラクな日があって、これまでさんざん面倒をかけて、何もしていなかったので、父と母にできる範囲でプレゼントを買って贈ろうと、買いにいきました。そうしたら、すごく気分が良くなって……。

佐藤　お金はどうですか？　親からもらっていましたね。

川端　それはストップしました。これからは、自分が親に対してあげる立場になって、親孝行をしていかなければならないと……。

佐藤　お金をストップしたことは、流れが変わり、薬物が減ってきた原因の一つだと思います。ところで、奥さんの親に対しては、何か考えていますか？　奥さんのお父さまは、あなたのことで私に土下座をして、お礼を言われました。そのことを負担に思う必要はありませんが、心の中の大きな借金ですね。そのことがわかり、ご自分のご両親はもちろんのこと、奥さまのご両親に対しても、あげる立場になって親孝行できるようになったら、薬物への依存は完全に治るでしょう。薬物と親とは無関係だと、普通には思われていますが、本質的には、本当の世界では同じであるということが、今わかってきました。ですから、これで流れを完全に変えていくことができます。

●大葉さんのケース

大葉 今日からアルバイトということで、増田さんのところで掃除をしてきました。

佐藤 時間にして、どれくらい働きましたか?

大葉 十一時から四時までです。これまでは、掃除をしている人を見たら、単に掃除をしているなという感じでしたが、実際に自分でやってみたら、見る目が変わっているのを感じます。今日は、三人が一つのチームになって、大きなマンションの二階から九階までの共用ベランダの清掃をやってきました。機械を操作して床面を洗浄するのですが、結構テクニックがいるんですね。体を使っての作業というのが、楽しいというか、素晴らしいものだというのを体験してきました。

佐藤　それで、お酒はどうですか？

大葉　飲んでないです。別に何も飲みたいとも思いませんし。過去には吐き気などの禁断症状がありましたが、今回はありません。

佐藤　実は今日、ビックリしたのです。仕事が終わってここへ来るときに、妻のちづるから電話があって、「おにぎりつくって、バナナ持ってきているんだけど、あなたは今どこにいるの？」って。昨日までの妻とは全然違っていました……（涙）。もう、ものすごく感謝しています。結婚当初みたいになって……（涙）。真逆になったのですね。

大葉　まるで別人、全然違います。

佐藤　一昨日のちづるさんだったら、そのうちに彼を殺してしまうと思いました（笑）。

大葉　それが、おにぎりとバナナを持ってきてくれて。こんなこと、最近はなかったですよ～。ほんと、なかったです（涙）。すごくうれしい（涙）。

佐藤　今の大葉さんの涙は、感謝の涙です。妻に対する感謝の涙。彼にとっては、おにぎりでも、バナナでもないのです。何でもいいのです。ハンカチでもいいし、電話一本でもいい。必要なのは「妻の愛」なのだから。

引きこもっていた男性が変わったときも、そうでした。両親が強制的に彼を外へ出そうとしていたのです。といっても、力ずくということではありませんが、強制的に出そうとするような両親のエネルギーがあったのです。それが、あるとき急になくなって、そのときから彼は変わることができました。そして、ちづるさんにも、責めるエネルギーというようなものがあったのですね。それがなくなったときに、大葉さんは変わり始めたのです。

＝それから5日後＝

佐藤　大葉さん、あれからどうですか？

大葉　一滴も飲んでいません。

佐藤　どんな心境ですか？

大葉　幸せです。

佐藤　夫婦仲はどうですか？

大葉　今日、わかったのですが、真逆の生活というか、いくら稼がなきゃいけないとか金額ではなくて、今、こうして幸せだったらいいなという、それを体感しています。

佐藤 いいですね。もう完全に治っていますね。大葉さんの場合は、私が「これからアルコール依存症について取り組むよ」と電話をした翌日から飲まなくなったわけですから、電話を通じてスーッと入ったということです。

大葉 現在は朝四時に起きて出勤し、帰ってくるのは夜の七時から八時ですが、少しも疲れません。

佐藤 お酒がピタッと止まって、夫婦仲が良くなり、仕事が見つかった。振り返るとわずか十八日間で、ここまで大きく変わったわけです。

大葉 自分のことながら、本当にすごいと思います。

真逆をすることの効果

これまでにやってきたことと、まったく逆のこと（真逆）をしなければならないと言われても、最初はどうしていいのかわからないのが普通です。

しかし、こうしたら良くなるということが見つからないから、今のような悪い状態になっているわけです。ですから、**真逆をするということは、見つからなかった方法を見つけることよりもはるかに簡単で、しかも比較にならないほど大きな効果があります。**こちらに向かっていったら依存症になったということは間違いのないことですから、「その反対とは何だろう、反対はどちらだろう」と考えているうちに、真逆が見えてくるのです。真逆の行動、真逆の方向がぼんやりとでも見えてくれば、あとはそれを実行に移せばよいだけです。

当然のことながら、こっちにいく景色と、あっちへいく景色は違うわけです。それまでと打って変わって真逆の行動をとると、見る方向は違ってきますし、見える景色も違ってきます。そして、決定的には動く方向が違い、そのことにより環境が大きく変化するのです。

真逆をすることによって、環境が変わってきた大葉さんの事例をご紹介します。

※

大葉　このプロジェクトが発足するときに、詳しいことを聞かないで、とにかく「ハイ」と言ったので、大きく流れが変わり始めました。心配する親族から、ずいぶんいろんなことを言われましたが、佐藤先生に言われたとおりにやるということは変わりませんでした。

佐藤先生は、根本原因を解決するために、次のステップとして「真逆をやりなさい」と言われました。その真逆を、どのようにやってよいかわからず、とりあえず父親のお下がりの服を着ることにしました。せっけんも父親が愛用していたせっけんに変えました。父親に対して、クソーッと思っていたら、そのようなことはしないはずなので、私なりの父親に対する真逆の行動として、そのようなことをしてみたのです。

そうしたところ、新しい職場のリーダーが、これまでとは真逆のタイプのリーダーで、父親に対して真逆の行動をとることによって、職場の人的環境が真逆になったというか、真逆の環境がついてきたのです。

どうすることが真逆なのか、最初はわかりませんでした。なんとなく、これまでとは逆のことをすればいいのだろうと、父親のお古の服を着たり、両親にプレゼントをしたりしたわけです。今朝も起きて掃除をしました。それに、今、妻はどう感じているのだろうか、両親は何を望んでいるのだろうかと、いつも考えるようにしました。

そうしたところ、新しい職場のリーダーも、人のことを考え、相手が望むことをしてあげようというような人で、私が変わることによって、そういう環境を引き寄せたというのが流れなのですね。とにかく、佐藤先生の言われるとおりに行動してみる。そこが大事なポイントだと思います。

「くれ、くれ」から「あげる、あげる」へ

人はみんな、お互いに「くれ、くれ」と言い合っているようなものです。これは、単に物を「くれ」ということだけにとどまりません。相手に「こうしてほしい」と頼ったり、「こうなってほしい」と求める気持ちもまた「くれ、くれ」であり、そのように人や物に依存する気持ちが苦しみのもととなります。

「くれ、くれ」と相手からもらおうという心があると、それをもらえなかったとき、期待を裏切られたという思いから不満や怒りが生まれ、苦しみが生まれます。相手がくれるのか、くれないのか、それによって自分の感情が変わり、左右されているのです。ということは、自分の心が相手の言動次第ということであり、相手に依存しているということにな

ります。

ですから、それを、「あげる、あげる」にすればいいのです。「あげる、あげる」にすれば、相手は関係ないのです。相手に求めないので、期待を裏切られることもなく、不満や怒りは起こりません。

「くれ、くれ」だと、相手に依存しているのですから、そのもらっているものを失うのが怖いという不安が生まれます。しかし、「あげる、あげる」で、自分が与えていれば、失うということはありません。

また、なかには、もらえなくても我慢している人がいます。ですが、その奥には、「こんなに我慢しているのに」という思いがあるわけです。そういった思いが起こるのは、やはり「くれ、くれ」という気持ちがあるからです。そして、その気持ちのエネルギーの向きが流れをストップさせているのです。ですから、こういった場合も流れを全く真逆にして、「あげる、あげる」にすればいいわけです。

お二人の依存症の男性たちは、いろいろと不足を感じていて、それをお酒や薬物で補おうとしてきました。しかし、その不足を補うもの、補いうるものは、お酒や薬物といったものではないということに気づき始めたのです。そして、何で補ったらいいかもわかってきました。彼らの不足を心底補えるのは、愛だけです。

そして、それをできるのは妻しかいません。もしも彼らが妻以外のところで愛を求め、依存をしたら、まずいですよね。彼らの愛の不足を満たすことができるのは、世界でたった一人、妻だけです。その妻が夫を愛で満たしてあげなかったら、もうどうしようもないということです。

ですから、「くれ、くれ」と言われたならば、「あげる、あげる」で相手を満たしてあげればいいのです。すると、もらった人もあげることを考え始めます。何かを与えられたら、何かを返したくなるのが人間というものです。これが人の心理です。

誰かに「プレゼントを買ってあげよう」と思うときには、「くれ」とは思っていないものです。「あげる」ときには、「くれ」とは全然違う脳が働くからです。

大切なのは、「あげる、あげる」というのは、「何をしてあげるのか」という行動のことではなく、**「何かしてあげることはできないだろうか」という心を持つ**ということなのです。

最初は、行動を起こしやすいように、何か特定の場面における具体的な行動を決めてもいいのですが、次第に義務的になっていきます。ですから、「何かしてあげることはできないだろうか」という心を、日常生活のすべてにおいて持つことが大切です。それが自然と行動になっていきます。

例えば、母親は、普段は黙って子どもを見守っていますが、何かあったときには、すぐに手を差し伸べます。そのような心が必要なのです。

私がここで「部屋が涼しくないな」と思うのは、「くれ、くれ」の思いからきていますし、「みんな、夕飯食べたかな?」と思うのは「あげる、あげる」の思いからきています。また、感謝の気持ちを抱くと、自然と「何かしてあげたい」という気持ちが出てきます。

このように、「くれ、くれ」から「あげる、あげる」にするだけで、その結果は大きく違ってきます。「あげる、あげる」の心で流れが変わってくるのです。

私が依存症の二人の男性に「親に何かしてあげたらいい」と言ったのは、「プレゼントをしなさい」という意味ではありません。「プレゼントをあげるような親孝行をした方がよい」というようなことではなく、そのような心を持ち、流れを大きく変えなさいということを言ったのです。

依存症の男性たちは、愛の不足から、誰かに頼りたい気持ちがあって、「くれ、くれ」と求めているのに、誰もくれないから、薬物やお酒に頼ったわけです。「くれ、くれ」と

「あげる、あげる」では、同じように手を差し出していても、その行為は真逆です。人にあげる立場になって、「どうぞ」と手を差し伸べた時、同時に「ちょうだい」と手を出すことはできません。そうやって、あげることだけを考えていると、依存症は自然と克服できるのです。

代替物（置き換えの原理）

今回、お二人の男性には、お酒や薬物といった依存しているものを、一時的に、それらの代わりになるものに置き換えていただきました。お酒や薬を、他のものでカバーしてみたわけです。

カバーできるものの究極は、愛です。愛でカバーすることです。それ以上のものは何もありません。ですから私は、お二人の男性が愛に満たされたならば、お酒や薬を全くゼロにして、ゼロの状態からこの自立プログラムをスタートしても大丈夫だと思っています。それは可能だと私は思っているのです。

ただ、愛に満たされた環境を整えるというのは、意外と難しいことでもあります。その環境を整えてからスタートしようとすると、スタート自体が遅くなってしまいます。そこで、実際には、ご主人を愛で満たすことを奥様にやっていただくことで環境を整えていきながら、それと並行して、それぞれの代替物を取り入れてもらいました。大葉さんは、お酒の代わりに水を飲むことに、そして川端さんは、漢方薬を取り入れることにしました。

しかし、最終的なゴールは、この代替物をもゼロにし、依存症を克服し、自立してもらうことです。大葉さんは、一時的な代替物として水を設定しただけであって、代わりに水を飲んでいるということは、水に依存しているということです。このプログラムが始まってから、大葉さんは全くお酒を飲んでいらっしゃらない状態だったのですが、本質的には、まだ依存症を克服したとはいえません。同じく、川端さんは、漢方薬に依存しているということです。

現実に、プラシーボ（偽薬）効果というものがあります。偽薬を処方しても、薬だと信じ込むことによって何らかの改善がみられることをいいます。今回取り入れた代替物は、本物のお酒や薬であると信じ込んで、それらを飲むわけではありません。ですから、プラシーボ効果とは違いますが、「何かを飲んでいる」という精神的な安心感を与えることはできました。

こうして、代替物による精神的効果を取り入れながら、愛に満たされた環境を整えることを進めていったわけです。

以下は、プラシーボ効果を経験したことのある川端さんのお話です。

※

佐藤 例えば、ここにレモンそっくりの模型があるとします。そのレモンの模型を口に入れようとすると、唾液が出ます。本物のレモンではないので、唾液を出すのはエラーなのですが、現実には唾液が出ます。それは、脳がごまかされたからです。川端さんの薬にしても、そっくりのビタミン剤にすり替えても、川端さんがそのビタミン剤を本物の薬だと思い込んでいたならば、本物の薬と同じ効果が出るでしょう。これを、プラシーボ（偽薬）効果と呼んでいます。

川端 妻が以前、そのようなことをしたことがあります。量が減っていたので、水を足していたのです。僕は、それに気づかずに飲んでいたのですが、いつもどおりの効果がありました。そのことからも、薬物がなければ痛くなるとか、体がおかしくなるということではなく、痛くなるのは心の状態であり、依存症の症状だということがわかりました。

思い込み・トラウマを消す

依存症の方は、「薬をやめたい、お酒をやめたい」と思っている半面、「薬やお酒を飲まないと痛みや禁断症状が出る」という不安や恐怖、そういった、いろいろな感情がぐるぐると心の中を占め、それらに支配されています。

実は、これらはすべて思い込みからきています。まず、絶対的な真理として宇宙の法則があります。その前に立ちはだかるのが自分の考えや感情、意思です。宇宙の法則に立ちはだかる、そういった「自分の心＝(偽我)」を、本当の自分だと思って離さないから、「薬を飲まないと痛みが出る」と思い込むのです。すると、それが命令になって身体に出ます。思い込んだ「自分の心」の命令どおりに、身体に痛みが出るというわけです。

ここで考えてみてください。私たちの本来の姿である真我は、内なる神の心であり、宇宙意識であり、宇宙の法則の中で生かされ、それと完全に一体化しています。この「真我」と、自分の考えや感情、意思といった「自分の心」、そのどちらを主役にするのかということについて、もし「自分の心」を主役にすると、「薬を飲まないと痛みが出る」という「思い込み」から逃げられません。しかし、**真我を主役にすると、自分の意思にある「思い込み」が消える**のです。

例えば、「今日は飲まずに済んだぞ」という日があったらどうでしょうか。そんな時に、「禁断症状が出るんじゃないか、大丈夫かな、飲んだ方がいいかな」などという「自分の心」を主役にせず、「飲みたい自分」と「飲みたくない自分」がいて、「飲みたくない自分」が勝った、そちらが「本当の自分」なんだと思ってください。

なぜなら、愛の不足が満たされたなら、「飲みたくない自分」「飲む必要のない自分」である「本当の自分」に戻るからです。人間の身体には、元に戻る働きが備わっています。元に戻ろうとするのが宇宙の働き、宇宙の法則です。本当に愛に満たされたら、お酒も薬もいらない元の状態に戻るのです。「飲みたくない自分」が「本当の自分」です。

真我である本当の自分は、最初から満たされています。「満たされていない」と思っている人は、本来満たされているのに、「満たされていない」と思い込んでいるだけです。自分でも気づかない無意識の世界と意識の世界の両面において、そのように思い込んでいるわけです。

本当の自分である真我は、すでに満たされています。ですから、自分自身も、宇宙の法則どおり元に戻るのです。すでに満たされている本当の自分、真我に戻ります。そして、その真我を主役にするのです。真我を主役にし、真我を本当の自分とするということは絶対肯定です。そのようにして真我が現れてくると、「自分の心＝（偽我）」であるカルマの自分は、夢まぼろしとなって消えていきます。

実際に、そのような「薬を飲まないと痛みが出る」という思い込み、「満たされていない」という思い込みがとれて、禁断症状である痛みが出なくなってきた川端さんとの会話をここでご紹介します。

※

佐藤　川端さん、その後どうですか？

川端　相変わらず調子はいいです。だるさはあるんですが、出てくるはずの痛みが出てこなくて、「すごいな」と思っています。

今まで散々、いろいろな本を読んで、脳がおかしくなっていて、脳ミソを交換しないと変わらないと思っていました。それが、痛みが出なくなったということは、脳が痛みという指令を送らなくなったということなんですね。そんなことができるということに、本当にビックリして、これが本来の姿に戻っていくということなのかな、と。根本的なところから変わってしまうということが、人間には備わっているということですね。

佐藤 そのとおりです。人間には本来、根本から変わっていく能力と仕組みが備わっています。それは絶対に揺るがないことです。太陽が東から昇るのと同じくらいに揺るがないことです。

川端 かなり不思議なのですが、体が痛いはずなのに、痛くありません。何が変わったのかというと、やはり宇宙の法則に耳を傾けられるようになったということです。そうなると、体もそういう機能に変わってきたということですね。

※

「根本原因と環境原因」のところでも触れたように、川端さんのトラウマとして、「結婚する予定だった彼女が離れていったことにより、狂ったような精神状態になった」というのがありました。そして、その狂った精神状態を止めるための手段として、薬を飲んだということがあるらしいのです。

それを聞いて、私は次のような話をしました。

※

佐藤 今まで奥さんから迫っていたのが、ご主人から迫るように、逆になればいいのですね。今の流れを真逆にして、奥さんが逃げるくらいにすると、ご主人が治るような気がします。

川端 そうですね。……うん、そう思います。

佐藤 環境を変えていくことによって、トラウマといった心の奥底にある根本原因を変えることも可能なわけです。ですから、その前の彼女と奥さんとで一人だと思えばいいのです。以前はダメだったけれど、今度は自分の愛が通じるのです。時空を超えて、今、愛を再現するのです。今度はもう、狂ったように愛していいわけ。相手が受けとめてくれれば、愛は絶対狂わない。以前は、相手が受けとめてくれないから、クレイジーラブになったけれども、今度はもう夫婦なのだから、絶対に受けとめてくれる。

川端 それはいいですね。

※

このように、トラウマを消すには、今までとは流れを反対にし、真逆の行動をすることで環境を変えていくとうまくいきます。時空を超えてそれを再現し、受けとめてもらうことです。

分かりやすく言うと、「私はこうだ」「あの人はこうだ」というのが思い込みなのですが、トラウマ（心の傷）も、「こうされた」という思い込みを背負います。それは、過去の記憶（カルマ）によって出来上がったものです。

思い込みやトラウマで物事を判断するのは、ゆがんだメガネをかけて物事を見ているようなものです。

今、目の前に起きていることは、これまでの人生でどこにもなかったことです。人生の、まだ一度も通ったことのない道を歩いているのです。今日という日は初めてです。それなのに、過去の記憶という夢まぼろしを投影して見てしまうと、新鮮な今日という日にはなりません。

真我を開いて本当の自分に目覚めれば、思い込みやトラウマは一瞬にして消え去ります。そして、思い込みが消えると、自由になれます。本来、すべての出来事は同等価値で、良いも悪いもありません。

しかし、今回の自立プログラムでは、思い込みやトラウマをご自分で解いていけるようにしたかったのです。そのためには、「昨日できなかったことを今日やってみよう」と、その行動から、一枚一枚その思い込みを剥《は》いでいくことが必要だったわけです。

とにかく、行動していくことが大切です。「本当の自分である真我を主役にしよう」と、自分の心の中で思ったとしても、行動を伴わないと、思い込みは完全には消えません。行動していかないと、何かの縁という外的要因によって魔が差し、その思い込みがよみがえってしまいます。

「環境の変化から根本原因を変える」の項でも述べたように、真逆のこと（行動）をすることによって、形に心がついていきます。そして次第に、自分がやっていること（形）と、自分が思っていること（心）が同じになっていくのです。つまり、ご主人から迫るという、それまでとは真逆の行動をすることによって、「相手は私を受けとめてくれる、だから思い切り愛を表現していいんだ」という心になっていきます。それまでの、「どうせ相手は私を受けとめてくれない、そして私はまた狂ってしまうんじゃないか」という、ふと湧き上がってきていたそれまでの思いが、百八十度変わってくるのです。

心が変わって、それを行動に現していくというのが、一番いいのかもしれません。ですが、行動することで、心を変えていくという方法もあるのです。

こうして、行動に移すために、何かいい方法はないかと考えた時に出てきたのが、次にご紹介する「わがままスッキリノート」です。

わがままスッキリノート

「くれ、くれ」から「あげる、あげる」という真逆の行動をするために、それによって形から心を変えていくために、私が編み出したのが「わがままスッキリノート」です。

これは、わがままという「くれ、くれ」の思いを、それとは真逆である「あげる、あげる」に変えて行動するという、非常に実践的なツールです。要は、**「自分がしてほしいことをしてあげる」**ということです。

「わがままなど言うものではない」としつけられてきた人たちは、「私にはわがままなんてありません」とおっしゃいます。こういう場合は、「わがまま」という言葉に振り回されるのではなく、自分のわがままを、願望や希望だと捉え直したら、それぞれ思い当たることがあるのではないでしょうか。そして、「自分が望んでいることを自分でする」というふうに考えていただけたらいいと思います。

ネガティブな感情というのは、湧き水のように自分から出てくるものです。それを感じてもいいのですが、そのまま放置しておくと、健康を害したりして身体に悪い影響が出る場合があります。ですから、こういった感情を感じる時間をできるだけ短くする必要があります。

この「わがままスッキリノート」は、ネガティブな感情、相手に対する不満や欲求といったわがまま、エゴの気持ちを利用します。そういった感情を、悪いものとして封じ込めたり抑えたりするのではなく、その感情をいかす方法です。

それと同時に、これは、行動（形）から変えていくやり方です。それに伴って、心が変わっていきます。そのような脳が開発されていくのです。「くれ、くれ」というわがままを利用して、リサイクルして、それを自分がやって「あげる」という行動に変えてしまう。

そうすることによって、わがままが財産になります。わがままの多い人ほど、財産をたくさん持っている人ということになるわけです。

分かりやすくいえば、次のようなことです。

夫を見て、「ムスッとして、イヤな感じ」と思ったとき、実は自分が不機嫌なのです。夫を見て不機嫌になったともいえますし、そもそも自分が不機嫌だったから、夫を見てそのように反応したともいえます。そして、それをそのまま表現すると、「なんでムスッとしているのよ」と、相手を責めることになります。そうではなくて、「機嫌のいい顔でいてほしい」のですから、自分がそうしてあげればいいのです。つまり、自分がニコッとすればいいわけです。

今までの習慣や心のクセがありますから、それを変えていくために、この「わがままスッキリノート」をつけながら、そういう脳の回路をつくってしまう。これを実践していくと、人とけんかにならなくなります。

「真逆をすることの効果」の項でも述べたのですが、「あげる」という、今までとは真逆の行動をしようとするときに、最初は何をしてあげたらいいのか分からないこともあるかもしれません。「何かしてあげることはできないだろうか」と考えても、何をしてあげたらいいのか思いつかずに行動できなかったり、的外れな行動になってしまったりすることもあるでしょう。

一方、「自分がしてほしいことをしてあげる」というのは、非常に単純明快で、自分の気持ちを込めて行動することができます。自分の不満、欲求といったわがままを、相手にして「あげる」行動にすればいいだけだからです。

相手に不満を抱くことで相手を責めたり、「私はなんでこんなことを思うんだろう」と、逆に自分を責めたりしないで、すぐにそれを行動にして、活かす。自分のわがままを心のゴミとして、いらないものだと否定するのではなく、リサイクルして、相手にそれをプレゼントすることができる。それは、文字どおり素晴らしいことです。その結果、自分のわがままも浄化されるかのようにスッキリとして、自分自身が満たされたような気持ちになるのです。

継続してこのノートをつけて、実践していくと、**性格改善にもつながっていく**ようです。相手に対して感じる不満や欲求というのは、往々にして、自分自身の足りない点、至らない点が投影されています。先ほどの例でいうと、不機嫌だなと思った自分が不機嫌であるということです。

その自分の足りない点、至らない点を変換して、ニコッとほほ笑むという行動をするのですから、自分の性格までもが変わっていくというわけです。自分の不満や欲求であるわがままが、自分を改善することになるわけです。

性格を変えるというのは、難しいことですが、今の現象が現れているのは、そうなる心の性質という原因があったからであって、その性質を変えると、それによって現れていた結果が変わっていきます。逆にいえば、性質を変えなければ治らないともいえますし、性質が変わったらすべて変わるともいえます。しかし、心の性質というものは、また元に戻る可能性があります。だからこそ、行動していくことで心を継続していくことが大切なのです。

このノートの書き方は、とても簡単です。左に「〇〇（相手）に対する不満や欲求」を書きます。そして、それを自分が、相手や周りの人に対してやってあげるという、愛の行動に変換し、「愛のプレゼントリスト」に記入します。

行動することが分かったら、それに優先順位をつけて、やるだけです。やりたい順番に優先順位をつけてもいいですし、自分のできることから優先順位をつけてもかまいません。そして、このように優先順位をつけた瞬間に、それが具体的なものになり、現実になります。それを、行動するだけです。

また、「〇〇（相手）からのリクエスト」には、相手から言われた要望を書きます。直接言われたことだけではなく、感じ取るという、感性を磨いていくことも非常に大事です。そして、相手から言われたり、感じ取ったリクエストは、そのまま実行すればいいのです。これも、優先順位をつけます。

次ページで、そのフォーマットと記入例を挙げますので、ご参考にしてください。

優先順位	愛のプレゼントリスト

「わがままスッキリノート」〈フォーマット〉

優先順位	に対する不満や欲求

変換

優先順位	からのリクエスト

そのまま実行

優先順位	愛のプレゼントリスト
1	笑顔でお出迎えして、目が合ったらニコッとしよう。
4	私は「ハイ」と気持ちのいい返事をしよう。
2	いつもイキイキと前向きでいよう。
5	メールに、相手への思いやりを添えよう。元気になるようなメールにしよう。
3	「ごめんね、ありがとう」と感謝しながら対面でお願いしよう。
2	主人から頼まれたことは、先にやるようにしよう。
1	うなずきながら、話を最後までとにかく聞こう。

「わがままスッキリノート」〈記入例〉

優先順位	夫に対する不満や欲求
2	会社から帰ってくると、不機嫌そうにムスッとしている。
3	呼んでもいい加減な返事をする。
1	愚痴ばかり言わないでほしい。
5	最近、送られてくるメールが手抜きになっている。
4	メールだけで頼みごとをしてくる。

変換

優先順位	夫からのリクエスト
2	お願いしたことは、すぐにしてほしい。
1	話を途中でさえぎらず、最後まで聞いてほしい。

そのまま実行

では、実際に、この「わがままスッキリノート」を活用したことによる効果を早紀さんに報告してもらいましょう。

※

▼早紀さん：わがままスッキリノートの効果と変化

以前は、夫を自分が望むように変えようとしていました。その結果、私が望むとおりに夫の行動が変われば、私は一時的に満足しますが、夫の方に不満がたまる状態で、夫が変わらなければ、私が不満なままの状態というように、どちらかが不満でいなければならず、結局、二人とも満たされないでいました。

それが、「わがままスッキリノート」をつけるようになってから、夫を変えようとせずに、自分の行動を変えるようになりました。その結果、「相手を変えようとしなくても、自分の行動を変えることで、夫も私もお互いが幸せでいられる」という道があることが、体験的に分かりました。

その上、その具体的な行動の方法を自分自身で思いつくことができるというところが心強い点です。

具体的な変化としては、

1. 夫との会話が、いつも自然に、夫に対する尊敬の気持ちやありがとうという気持ちで満ちたものになりました。
2. 声をかけたときの夫の返事が「声をかけられてうれしい」というふうに変わりました。
3. 夫に対して、恋人時代のときのようにときめきを感じるようになりました。
4. 念願の子どもを授かりました。

※

早紀さんが子どもを授かったという、うれしいニュースを聞いた時、その場にいたみなさんは大喜びでしたが、私は最初から「このままいけば、きっと子どもを授かるだろうな」という気がしていました。

GIVEイコールTAKE

夫婦やパートナーがいる場合は、「わがままスッキリノート」でお互いのリクエストを交換するというのは、とてもいい方法だと思います。

しかし、なかには、相手からのリクエストを見ると、自分を否定されたように感じる方もいらっしゃいます。人には、してあげる喜びというものがあります。自分がしたことによって、相手が喜んでくれることに強く喜びを感じるのです。何かをしてもらって喜ぶというよりも、自分が何かをして喜ぶという愛に目覚める。「やってもらいたい」愛ではなく、「やってあげたい」愛です。「くれ、くれ」ではなくて、「あげる、あげる」という愛のかたちです。

GIVEアンドTAKEという言葉があります。直訳すると、「相手に与えて、自分も相手から得ること」。持ちつ持たれつといった感じで、そこには、見返りを求める気持ちがあります。そして、相手から得るのに時間がかかります。

また、GIVEアンドGIVEという言葉もあります。ひたすら与えるのみ、見返りを求めない無償の愛です。しかし、これでは、あげるだけで自分自身は満たされない、という心の葛藤や矛盾が生まれるのではないでしょうか。これについては、私は少々嘘くさいように感じてしまうのです。

私は、GIVEイコールTAKEと捉えています。自分がしたことによって、人が喜んでくれて、そしてそれに喜びを感じているということは、GIVE（与える）と同時に、

TAKE(得ている)ということです。相手にしてあげるのと同時に、自分も喜びをもらい、満たされているわけです。**人の喜びと自分の喜びが一対**となっているのです。

相手からのリクエストをどんどんやってあげれば、自分は喜びに満たされ、相手も喜びに満たされるので、相手から否定されません。行動すればするほど、「否定されている」と自分が思っていることはなくなっていき、喜びに満たされていくのです。

自分の問題ではないと思っている人へ流れを変える

このプログラムを始めてから、全体的にみて、お二人の男性は明らかに変わっていかれました。細かいところが残っているだけで、流れは大きく変わりました。

大葉さんは、お酒もやめて、仕事もきちんと続けていらっしゃいましたし、住居も、親元を出て、奥様と二人の生活を始められました。ほとんど、奥様の望んだとおりになっていたのです。

そして川端さんの場合は、薬物の量が順調に減っていき、禁断症状の痛みもなく、薬物の服用量は、この時点ですでに四分の一にまで激減していました。この自立プログラムを始めた当初は、「飲んだら死ぬとしても、それでも飲む」と言っていた人が、です。「量を減らすなんて絶対にあり得ない、依存するものだ」と思っていた人が、服用量が四分の一になっていたのです。

しかし、それぞれの妻は、それまでの過去の夫の残像を見ていました。自分のトラウマ（心の傷）という過去の記憶からくる夫の残像があるために、夫の変化を素直に認められず、まだ文句をおっしゃっていました。

トラウマというのは、ほとんどの場合、自分が被害者意識になっていることによって生じているものです。相手を加害者にして、「この人のせいで、私はこんな思いをさせられている、こんな目に遭って我慢している」というのが被害者意識です。しかし、**相手（加害者）がそういう言動を取るに至った、相手の心をそこまで追い込んだという、自分の心がある**のです。

こう見ていくと、夫婦というものは、特に今回のケースで例えるなら、依存症の夫たちがすべて悪くて、その妻たちがすべて正しいということはないことが分かります。そして、このように夫たちの流れが大きく変わってきた今では、「あとは、妻のこの部分が変化することが大事」ということになるのです。妻たちが変化していけば、夫たちもさらに大きく変化していく可能性があります。夫婦は鏡なのですから。

依存症の二人の夫たちが、それぞれにやるべきことをやり、変化していったのは、夫たちそれぞれに、自分の問題だと思わざるを得ない環境があったからです。そのため、変えなければいけないということがよくわかり、変えていくことに成功したのです。

一方で、二人の妻は、自分の問題だと思わなくてもすむ環境です。ですから、変えていかなければならないと強く深刻に思うことがありません。そのため、あえて私はお二人に厳しく言いました。

●川端さんの妻、早紀さんのケース

佐藤　自分の権利を主張して、ご主人を責めていく。そういう心と、ご主人が薬物に依存することは、関係があるような気がしないですか?

早紀　あると思います。

佐藤　ということは、それが続くようだったら、今回のプロジェクトの足を引っ張っているのは自分だということも考えられますね。

早紀　はい。それに関しては、家族側にトラウマがあると思ったのです。過去の話ですけど、夫が取った行動によって、家族側としては、夫が言っていることを信じられないという経験をいっぱいしているのです。

佐藤　信じられない？

早紀　はい。嘘をたくさんつかれて信じられない。この先も本当にこのまま彼の気が変わらなくて、依存症克服への道を進み続けることができるだろうかと……。

佐藤　疑っているのですね。

早紀　過去に、そのような行動を取られてきたから。彼のせいにしているけれど……。

佐藤　それは誰の問題ですか？

早紀　家族の問題です。

佐藤　家族じゃないでしょ。

早紀　私の問題です。

佐藤　今一瞬、「家族」と言いましたね。それがちょっと問題かもしれませんね。

早紀　家族側の気持ちを代弁しているつもりですけど……。

佐藤　今回は夫婦ですから、私とあなた、夫と妻という捉え方をしてください。

早紀 はい、わかりました。やはり過去に、「なんでこんなことをするのだ、信じられない」「なんでこんなウソを言うの、信じられない」ということがいっぱいあったのです。

佐藤 さっき聞いたことですが、もう一回聞きます。それは誰の問題ですか？

早紀 私が、そう思っているだけです。

佐藤 そうでしょ。

早紀 だって……でも……そこが越えられないんです。

佐藤 誰が越えられないのですか？

早紀 私です。

佐藤 そうですね。

早紀 そこです。

●大葉さんの妻、ちづるさんのケース

佐藤 ちづるさんは、ご主人に対して疑いの心でいっぱいでしたね。先ほど彼が言ったこ

とに、違和感がありましたか？

ちづる　違和感はなかったです。

佐藤　それもすごい変化ですね。以前は、「またいいカッコしている。カッコつけている」と、違和感だらけでしたから。

ちづる　あとは、やはり借りているお金に関して、ほんのちょっとあるのですが……。

佐藤　あるって、何が？

ちづる　親が過保護的なところっていうのかな……。

佐藤　でも、二人して親元から出るという行動を起こしたので、もうその枠の中にいない。そういう動きをしている。お金も返す算段をしているということで、流れを変えようとしている。そのうえで、まだ言いたいことがあるのですか？

ちづる　…………

佐藤　ないでしょう？　だから今度は、ご自分の問題になるということです。

ちづる　あっ、はい。

佐藤　自分がそういう過去を引きずっている証拠です。

ちづる　はい。

佐藤 夫は変化をしているのに、ご自分が過去を引きずっているだけなのです。もう彼の問題じゃないです。ちづるさんの問題です。

ちづる はい。

佐藤 違うと思ったらどうぞ言ってください。だって、彼は全部変えようとしているのだから。今おっしゃったことは、過去を引きずっている、その自分の性質の問題です。彼が変化しているのに、過去を引きずる思いがいっぱいで、そういう言動をしていたならば、また彼は逃げたくなるでしょう。そうだとしたら、ご自分が一番、彼をお酒に依存する方向に仕向けるようにしているということですよ。

ちづる そうですね。

佐藤 だから、もう彼の問題ではなくなってきているわけです。ご自分の問題になってきているわけ。今回、それを完全に落としてください。よろしいですか？

ちづる はい。佐藤先生に「過去を引きずっている」と言われたとき、瞬間的に「過去は夫のしたことだ」と思ったのですが、その後、引きずっている過去は、「私が母を恨んでいたことだ」ということに、ストンと結びつきました。私は、母を恨んでいましたし、憎んでいました。そして、それを我慢していたのです。母に言えない分、我慢していたと思っていたけれど、それは、母を無言で責めていたんだと思いました。母を無言で責める行為が、夫を責める心になっていたことに気がつきました。それに、夫の両親が夫をすごく甘やかしていて、それがいやでたまらないのは、私の上の兄へのひがみから来ていることにも気がつきました。すぐ上の兄は、勉強も運動もできて、兄弟の中で一番かわいがられていて、そのことに対するひがみがあったのです。

佐藤　その二つが、どのように出てきましたか？

ちづる　「過去を引きずっている」という佐藤先生のお言葉に引きずられるように……。とても不思議な感じでした。

佐藤　それは、とても大事なことですね。

ちづる　私にとって一番大事なところだと思います。

※

このように、ちづるさんの場合は、母への恨み、兄へのひがみといった、自分のトラウマ、過去の記憶というフィルターを通して、今の夫や義両親との関係を見て、それに自分が反応していたということに気づかれました。そうなると、そのフィルターを通して出来事を捉えている自分の問題になってくるのです。

「正しい」という思い〜妻が根本原因

川端さんは順調に薬物の量が減ってきていましたし、大葉さんのお酒に関しては止まったわけです。普通ならここで終わりにしてもいいのかもしれませんが、このプロジェクトでは、それで終わりにはならないし、終わりにしませんでした。

病院のお医者さんを例にとると、お腹が痛いといって来院した患者さんについては、治療をして腹痛がおさまれば、それで終わりです。風邪をひいて高熱が出たからと受診した患者さんについては、風邪薬に栄養剤、時には薬を飲むことによって胃が荒れるといけないので胃薬などを処方しますが、毎食後に飲むなどして、一週間くらいたってよくなれば、それでもう終わりです。

このように、最初に提示された具体的な問題がある程度解決したなら、それで終わりにするというのが一般的なのかもしれません。

しかし、このプロジェクトでは、薬の量が四分の一にまで減り、お酒を一滴も飲まなくなっても、まだ終わりません。それは、一つには、その段階で終わってしまえば、すぐに再発する可能性、元に戻ってしまう危険性があるからです。なぜなら、問題となった事象が発生する根本原因の除去ができていないからです。

その根本原因とは何かというと、川端さんと大葉さんに関しては、お父さんはもとより、奥さんであるということが見えてきました。奥さんは環境原因であると思って進めてきたのですが、根本原因でもあったのです。ですから、ここから先は、妻に変わってもらうことが課題となります。もう夫の問題ではなく、妻の問題になってきているのです。

夫が変わったということは、とてもわかりやすいことでした。薬が減り、お酒を一滴も飲まないというように、目に見える変化があるわけですから。

一方で、妻たちに起きてほしい変化は内面的なものですから、一般的には、いくらでも隠せますし、ごまかせます。しかし、内面的なものであっても、私にはよく見えましたし、そこが今後の課題であり、非常に重要であるということが分かったのです。

そこで、夫たちのお酒や薬物と同じように、今度は妻たちの内面の変化を起こさせるために、さらに流れを変えることにしました。

こうして、妻たちの内面の変化は、夫たちの変化のあとになりました。それは、夫たちは薬物やお酒への依存を「悪いこと」だとわかっていたし、思ってもいたのに対して、妻たちは自分の内面を「悪いもの」だとは、少なくとも当初は思っていなかったからです。それどころか、「正しい」とさえ思っていたフシもあります。すなわち、「アルコール依存や薬物依存はいけないことだ。止めてほしい」という自分の思いは正しいと思っていたのです。そのため、その「正しい」という思いが夫を追いつめることになり、それによって夫は逃げて、ますます薬物やお酒に依存するという、結果としては真逆のことをしていたことに気づかなかったわけです。

彼女たちは、「本当に正しい」ことを言われても、聞く耳を持ちませんでした。**自分が「正しい」と思っている人は、イミテーションを本物だと思って握っているようなもので、それを握っているうちは、本物のダイヤモンドをつかめない**のです。

「こうでなければいけない」、自分が「正しい」、これが「良い」ことだと、思っていればいるほど、自分が「悪い」と思っている人より、変化をもたらすのは難しいのです。

それが、ここにきて、ごく短期間で、聞く耳を持つようになってきているのを感じました。ですから、ここでまた、流れを変えていこうと思ったのです。

まずは、「自分が正しい」と思っていると、それが相手を傷つけ、追い込んでしまうことがあるのだという、その事実を十分に認識してもらいました。その上で、ご自分の思いや言動が、ご主人をさらにお酒や薬物に向かわせているとしたら、そして全く反対のこともできるとしたら、「どちらを選びますか?」と尋ねました。すると、妻たちは、お二人とも、「今までとは反対のことをします。これは自分の問題でした」とおっしゃったのです。

一〇〇％自分の問題

早紀さんのお父さんである山里さんも、自分が「良い、正しい」と思う理想の強い方でした。そのために、ご自分の理想（価値観）によって、相手を裁いてしまうところがありました。

そのうえ、婿である川端さんの薬物依存は、「自分たちに原因はない」という思いが根底にありましたので、自分の問題として自分を変えなければいけないのだとは、全く思っていらっしゃらなかったのです。人は誰でも、他の人に問題や責任があると思えば、自分が変わろうなどとは思わないのですが、そうやって人に責任をなすりつけるのではなく、ひいては相手に依存するのではなく、一人一人が自分の問題だと捉えていかないと、何も変わっていきません。

人は関係ないのです。何が起きようが、すべて自分であると、**一〇〇%自分の問題であると捉え、いっさい人のせいにしないことです。**そして、**ただひたすら、自分自身が変わることを実行していくことです。**実行する、実践するということは、自分が変わるということです。そうやっていくと、すべては宝であり、財産になっていきます。

一〇〇%自分が変わるのです。相手には〇・一%の変化も望まず、他人のことを変えようなどと思わなくていいのです。さらに言うなら、ここは、相手を変えて変わる世界ではありません。自分が変わると周りが変わるという世界です。「変えてやろう」ではないのです。

●山里さん（早紀さんの父）のケース

佐藤　ここは真剣勝負の場所ですので、ズバズバいきますが、今のままだと、お父さんが一番足を引っ張るかもしれません。なぜ、今日、ここに、お父さんに来てもらったかというと、そのことを知ってもらいたかったからです。

なぜそのようなことが言えるのかというと、まず早紀さんがご主人を抑えつけているということがあります。そのことについては、前回厳しく言ったので、かなり変わってきていますが、当初はご主人を「犯人扱い」し、逃げ場のないところにまで追い込み、抑えつけていたのです。ご主人としては、いたたまれなくなって逃げ出したかったのですが、これといった逃げ場はないので、薬へと逃げたわけです。ですから、ご主人が薬に向かった一番の原因は早紀さんの抑えつけにあり、その早紀さんの抑えつけのエネルギーは、お父さんから来ていると、私には見えたのです。山里さん親子は大変真面目で、大変誠実なのは十分に知っています。しかし、まさにそのことが、ご主人にとってよくない厳しい流れとなり、お父さんから早紀さんを通してそれが流れ込んでいっているわけです。そのことにより、せっかくうまくいっているこのプロジェクトの完成が難しくなってきています。

山里

はい、よくわかります。薬に逃げ込んでいる彼に対して、こん畜生という思いもあり、男なら唇をかみ締めてやめたらどうだ、という気持ちもあります。家族や婿など、身近な人間に対しては要求が強くなってしまうのは確かですが、最近はそれも変わってきていると感じております。

佐藤 親子はすごく似ているのです。お父さんも早紀さんも、理想をぐんぐん押し進めていく。そのなかで、理想に合わない人を、口では言わないけれども心の中で裁いている。前回と前々回、早紀さんにそのことを言って、泣かせてしまいました。

早紀 そのあたりのことは、父に話しています。

佐藤 身近な相手を自分の理想とする型にはめてしまうというところがあり、そこが一番の問題です。「薬が減るのと、早紀さん、お父さんの変化がシンクロする」ということを言いましたが、もっとはっきり言うと、ご主人に薬を飲ませているのは早紀さんであり、お父さんなのです。深い意味で、そういうことだと言っています。

山里 はい、わかります、そうであろうかと思います。ですが、婿は教育者であり、大変前向きに情熱を持って学校の活動などもやっていますが、薬は早紀と会う前からのものです。だから、早紀や私以外に原因があったはずであり、その早紀や私以外の原因がわからないと、解決はないと思うのですが……。

佐藤 お父さん、それは違うのですよ。確かに結婚前からそういうことがあって、そういう心で早紀さんと結婚しました。しかし、結婚して、早紀さんとの関係が薬に依存する心的傾向の逆の方向に向かうものであったならば、薬から遠ざかる方向にどんどん変化していったはずですが、そうはならなかったのです。むしろ、薬にどんどん近づいていったわけですから、薬に向かわせるものを早紀さん自身が持っていたということです。

※

一時期、川端さんの薬物の量が、半分に増えたことがありました。以下は、その時の早紀さんとの会話です。

●早紀さんのケース

佐藤 努力をされているのは分かります。それは認めるんですが、彼が本当に薬がいらなくなるように、結果が出るようにしたいですね。

早紀 そこをどうしたらいいのか分からないんです。

佐藤 どうしたらいいのかの前に、まず、注意深く心の耳を鍛えなければいけません。ご主人は、ここに来るたびに、一番大事なことは、なんだと言っていますか？ 今日、完全にそれを落としていってください。「佐藤先生は、私のことを完全に認めてくれている。そこを揺るがないでいてくれるから、私は薬がいらなくなった」って言っていますね。そこがポイントだと思うのです。

早紀　私が彼を完全に認めるということですか。

佐藤　そうだと思います。なぜならば、今の報告も「薬が半分に戻ってしまった」と、ひとごとであり、彼の問題だとしか聞こえないのです。自分の問題と思われていないでしょう。そこが違うのです。「彼は薬を必ず止めるようになる」と、私は言い切ってから自立プログラムを始めました。その瞬間に、私の問題になったわけです。それなのに、奥さんは自分の問題にしていないのです。彼の問題にしています。

早紀　主人の薬がまた半分に増えたということは、私の問題として、しっかり捉えるということですか?

佐藤　**自分の問題にするということは、自分を責めることではない**んですよ。「私がこうしたからこうなった。反省しましょう」、そんなことを私は言っていないんですよ。「反省イコール自分を責めること」です。自分を責めると、人間の心というのは、相手も責めたくなるのです。そうなったら、戦いは尽きないわけです。そうではなくて、自分の問題として、やることをきちんと分かっていないといけないということです。その答えを、彼が自分の口で言ってくれているのですよ。

早紀　認めるということ?

佐藤　はい。

早紀　ということは、私はいろいろやっているけど、認めることができていないっていうことなのでしょうか。

佐藤　はい。彼を認めきっていない感じがしますね。

早紀　確かに、たまに疑いの心が出てくることはあったので……。

佐藤　彼の薬が戻ってきたのは、誰の問題だと思っていますか?

早紀　正直、主人の問題だと思っています。

佐藤　ですから、そこが違うと言っているのです。当初、ご主人が薬物依存で、もちろんご本人も悩んでいましたが、その次に悩んでいた人は誰ですか?

早紀　私です。

佐藤　そうですね。だとしたら、もっと真剣に、その答えを自分でキャッチしなければいけないですね。

早紀　きちんとやっている気になっていたんですけど……。

佐藤　そんな作業のようなことを言っているのではないんです。ご主人を、完璧と認めているのかどうかです。

早紀　正直、すごく認めているときもあるんですが、そうでないときもあるというか、波があります。

佐藤　多分、作業になっているからですよ。私が彼と会話をしていたのをずっと一部始終聞いていましたね。どこがポイントなのかということをキャッチして、それを妻としてやることです。最後に彼を救うとどめは、自分でやった方がいいと思いますよ。

早紀　今、「あれ？　じゃあどうすればいいんだろう」っていう心がいっぱいなんですけど。佐藤先生が言ってくださっていることは、「具体的にこういうことをやりましょう」とおっしゃっているんではなくて、彼が本当に、私に認められていると実感できるようにするっていうことですか？

佐藤　一言でいうなら、「薬の量が元に戻ってきたとしたら、『一〇〇%自分の問題』として捉えたらいいですよ」ということです。「彼の問題」ではなく、「一〇〇%自分の問題」というところから出発です。「あ、私なんだな」と。それを私はいつも言っています。そこが一番大切です。「私なんだ」と思ってやるのと、「彼なんだ」と思ってやるのとでは、全く違うものになってくるでしょう。「あなたの問題はあなたの問題だ」とするのと、「これは私の問題だ」とするのとでは、出発点が違うから、すべての行動が、全部が変わってきますよ。

早紀 いつも言っていただいているけれど、気がつくとそこがずれているんですね。すごく悔しいです。

佐藤 大葉さん夫婦も同じなんですが、夫は自分で自分を責めている。そして妻は夫を責めている。夫は自分で自分に槍《やり》を刺して、妻はそこをさらに押すわけです。そのように私には見えたのです。だから、ある時期から、夫の問題で来られたはずなのに、奥さんの問題にしか見えなくなってきたのです。「どうして私はこんなふうに言われるんだろう」と思った時期があったことでしょう。ですから、もう一度言います。一言でいうとしたら、「一〇〇%自分の問題として捉えたらいいですよ」ということです。「私の問題なんだ」と。「いったいどこなんだろう」と、そこを探せばいいんです。「ああ、ここなんだな」と、まず分かることです。

早紀　まずは、「一〇〇%自分の問題」として捉える。それと、佐藤先生が先ほどおっしゃったポイントというお話が、今はちょっとよく分からないです。どういうポイントで先生が主人に話されていたのか、聞けば分かるんですけど。

佐藤　私が何を話したかではなく、彼がどう受けとめたかなんです。私は、ポイントはこだと思っています。「佐藤先生はいかなる場合も揺らがないで、本当の私を認めてくれている。だから私は薬を止められた」と彼は言いましたね。それを、私ではなく奥さんがやればいいわけです。

早紀　薬が増えた現象を、私自身の問題が現れていると捉えること。そして私自身の問題とは何かというと、私が、彼は完全完璧だと、揺らがずにいるということでいいでしょうか？

佐藤　理屈ではそうです。世の中のいろいろな問題は、当人が「一〇〇%自分の問題」として捉えていないところから来ています。そっちの問題が、実はこっちが原因だったりします。理屈で分かったのなら、次は本当に心からそうなっていきましょう。

問題はない～「完璧」

一〇〇%自分の問題と捉えると、「自分が悪い」と思ってしまい、自分自身を責める人もいるかもしれませんが、自分の問題だと捉えても、何も怖くはありません。なぜなら、「問題はない」からです。もともと「問題はない」ので、仮にあなたが何かを問題だと思ったとしても、自分を責める必要はありません。相手は真我であり神であって、「完璧」なのです。「完璧」だから「問題はない」のです。ないものに対して自分を責めることもないし、相手を責めることもないということです。

すべての前提は、「相手は完全完璧で、神である」ということです。あなたがこのことを理解しようとしまいと、それが答えなのです。

ちなみに、「あなたは完璧です」と言われると、完全無欠であることなのかと思われるかもしれませんが、そうではありません。もう、そのままで「完璧」です。弱いままで「完璧」、未熟なままで「完璧」なのです。

例えば、花が咲いて初めてその花がチューリップになるのではなく、球根の状態でも、芽が出ただけでも、つぼみでも、そして枯れていたとしても、それはチューリップです。また、チューリップの花が咲くのは「完璧」ですし、咲かないのも「完璧」です。なぜなら、天候や肥料の関係で花が咲かないということ自体が「完璧」だからです。

これと同じように、今、この瞬間に、私たちはすでに「完璧」であり、神なのです。これから神になるのではありません。もともと、「完璧」なものがあります。後から何かを付け加える必要はありません。咲かなかったチューリップも、天候や肥料などの条件がそろえば花が咲く、もともと「完璧」なものが備わっているのです。

目の前の相手は真我で「問題はない」のですが、それでも現実にはなかなかそうは思えないことも多々あるでしょう。でも、「問題はない、完璧だ」と、本当にそう思えて付き合えたら、問題と思われることは本当になくなるのです。

目の前の相手の「完璧」だけを見て付き合うと、相手は、あなたと話をすればするほど自分が認められているということが分かってきます。深いところの自分が認められているということが分かるのです。そうすると、そうではない自分が消えていきます。自信をつけるのと自信をなくすのは正反対ですね。自信がついてきたら、自信がなくなる要素の方は消えていくのと同じです。

これを、「心の三層構造」で説明してみましょう。

前にも述べましたように、私たちの心には、まず「頭」という「観念」の層があり、その下に、プラスとマイナスの膨大な記憶（カルマ）が刻み込まれている「業《ごう》・カルマ」の層があります。そのうちのマイナスの記憶（カルマ）に支配された反応が、愛の不足を補うためにお酒や薬物を飲む行為となって現れます。

しかし、最も深いところにある「真我」は、内なる神の心であり、「完璧」です。そして「完璧」だから、「真我」には業もカルマもありません。ですから、相手の「真我」だけを見ていくと、その上にあるカルマは消える――というより、そんなものはもともとないのです。そうやって、相手の「真我」だけを見ていくと、相手は、そうではない自分が消えていき、現象面に現れていた行為も消えていくわけです。人は、心で思っていることが行動になるのですから、思わなくなったらその行為はしなくなります。

もっと分かりやすく言えば、人は最高の存在として扱われると、そのようになっていきます。周りから「先生」と呼ばれると、先生になっていくのです。学校を卒業して会社に就職をし、上司や同僚に囲まれて仕事をしていくうちに、社会人になっていくのです。

一方で、相手の不完全さを責めると、相手が不完全だと認めていることになるので、自分が認めたものが現れてきます。ですから、「相手に問題はない」と、本当にそう思えるようになるまで、人は本来完璧であることを自分の中に落としこむことが大切です。

難しいと思われるでしょうか？　本当は簡単です。なぜなら、「問題はない」ということが答えであり、真理だからです。

そういった意味で、難しいとか、時間をかけて理解するという発想さえ間違っていると言っていいかもしれません。自分が人間であるということを自覚するのが難しくて時間がかかるというのは、おかしいですよね。あなたが人間であるというのと同じように、「問題はない」ということは、真実であり、真理なのです。

このことは、理屈で説明するよりも、実際のやりとりを読んで感じていただければと思います。

●早紀さんのケース

早紀　主人の薬物の問題を自分の問題だと思う、というところまでは分かったつもりなんですが、でも、問題はないっていうのが、分からなくなってしまうんです。問題はないっていうのは、すでに完璧だという意味で、なんとなく分かるつもりではいるんですが、「私の夫の薬が増えた。それを自分の問題として捉える。でも問題はない」と言われると、分からなくなってしまいます。

佐藤 夫が薬を飲んでいる問題を自分の問題としてください。でも問題はないんです。相手は真我で、完璧なんですから、完璧な接し方、扱い方をするのです。完璧っていうのは、なにか問題ありますか？　問題ないんです。

早紀 先ほど自分の問題だと捉えるようにと言われて、そこから分からなくなったんです。

佐藤 例えば、この机は平らですね。仮に、自分の目の錯覚で、でこぼこに見えるとします。本当は平らなんですよ。でこぼこはないわけです。自分の目の錯覚で、でこぼこに見えている。でも完璧で平らだから、でこぼこだと思っているものを相手にしないということです。それを相手にすると、「でこぼこだよ、あなたの目がおかしいんだよ」と、相手と口論になったりするんです。お互いに目が違うから、向こうのでこぼこと、こっちのでこぼこは違ったりもするわけです。本当は平らなのに、一生懸命、そういう会話になってしまうんです。そのような会話はしないで、「ほら、平らじゃない、なんの問題もないじゃない」と言い続けるんです。すると、目が自動調整されて、でこぼこに見えるものが消えていくわけです。平らだということとに気がつくわけです。「最初から平らだから大丈夫だよ」という接し方、扱い方をするんです。そうすれば相手は夢から覚めるようにでこぼこが消えていくわけです。

早紀 今のは分かったつもりなんですが、先ほど自分の問題だと捉えなさいとおっしゃって、それは問題はないという、そこがいまだに分からないんです。

佐藤 相手がでこぼこに見えるというのなら、「ああそうね、でこぼこだね」「そういうふうに見えるの」と言ってあげればいいんです。そうすると、自分のことを受けとめてくれていると思うでしょ。でも本当は平らだから、ここは平らだということを絶対にずらさないということです。平らだということで、貫いていくということです。それが自分の問題なんです。早紀さんは、夫が薬うんぬんと、ずっと言い続けているでしょ。それを相手にしているんです。相手にしている自分が問題ですよと言っているのです。

早紀 本当は平らなのに、でこぼこに見えている私が問題なのだと。——そうか。

佐藤 それをずっと言っているんです。またでこぼこになった。それは自分の問題だ。でも、でこぼこではなくて平らだ。私が平らで徹していないからなんだ。——分かってきましたか？

早紀 分かりました。

佐藤 平らだと見えるのだったら、絶対に揺らがないはずです。それを揺らいでいるのが問題だと言っているんです。だから自分の問題じゃないですか。

早紀 でこぼこに見えているのは、自分の問題なんだけど、本当はそういう問題はない、ということですね。それは分かったつもりなんですけど、「夫が薬を飲んでいることも完璧だ」という捉え方なのかなと理解していたんですが、そうではないのでしょうか？

佐藤 ご主人が薬を飲んでいる。それがでこぼこに見える。早紀さんがそういう目をしているからそのように見える。その目のとおりに見える。そういう意味で完璧です。でもこれは平らなんです。

早紀 飲んでいるものは飲んでいるじゃないって思っちゃうんですよね。

佐藤 飲んでいるものは飲んでいる。その夫の心の方だけを見るんです。薬は現象面に現れている彼の心の現れだから。薬を飲むようになった心というふうに捉えたらいいんですね。それは、何かを埋めようとしています。自分の中にある何かを、その薬によって埋めようとしているわけです。本当は、その何かを埋める必要はないんだということに気づいたら、まず心が満たされるわけです。満たされた瞬間に、それはいらなくなるんです。いらなくなるから薬は止まるわけです。最初から完璧に満たされているということに気づけば、何かを補充しなくていいわけです。そうすると、現象面の目に見える姿も変わってくるわけです。

この机は平らです。でも、相手は、お茶を入れてここに置いたら、でこぼこだからカップが倒れると思っているわけです。そうすると、このカップはずっと置かないでおこうということになります。だから、「いや、大丈夫よ」「ほら、大丈夫」と、普通に机の上に置いてあげればいいんです。そのようにしていけばいいのであって、相手に気づかせようという努力もいらないわけです。「あれ」と、目が自動調整してきて、自然と平らに見えて、でこぼこが消えていくわけです。それまでは、「ああ、そう」と相手にしてあげる。でも、心の中では、ここは平らだと揺らがないということなんです。

早紀　薬を飲んでいても相手にしないで、彼が完璧だというところだけを見続けて、そのように接する……？

佐藤　そうです。そのように接するんです。

●山里さんのケース

佐藤　私は、大葉さんのアルコール依存症も川端さんの薬物依存症も、問題には見えません。一般的には大変な問題ですね。しかし、私には、それが問題であるとは見えないのです。真我には、問題というものは存在しません。問題がないと思って相手にする場合と、問題があると思って相手にする場合とでは、対応が違う。真逆でしょう。私は、問題がないという前提でやっているのです。

山里　私は、そこを申し上げたつもりだったのですが、理解が間違っているのなら教えていただきたいのです。相手、すなわち婿が素晴らしい男に見え出しました。問題がないわけです。今までは、薬物依存ばかり見ていて、問題あるなと思っていたのですが……。

佐藤　薬物依存症が治ってきたから、素晴らしく見えたのですか？　もし、これまでと変わらず薬物依存だったら、どうですか？

山里 今までは、彼を知る機会がなかった。そのことは事実です。

佐藤 いえ、違います。彼がまだ依然と薬物依存であったならば、どうですか、とお聞きしています。問題だと思うでしょ？

山里 治ってほしいと思います。

佐藤 そうでしょう。だから、そこが全然違うのです。治ってほしいということは、問題があると思っているからです。そんなことではないのです。薬物依存症があっても、私には問題ではない。何も問題ない。問題がないということが、前提なのです。

例えば、彼は学校の先生でしょう。彼は、「問題児を問題児として扱うと、ますます問題が深刻になる」と言っています。「いいんじゃない？　問題ないよ」にしたら、変わってきたとも言っています。彼は、私の言うことをきちんとやっているわけです。そのことによって、子どもたちもきちんと変化を出しています。彼から学べるのではありませんか？

最初からそうだった～相手から学ぶ姿勢

人は、過去のトラウマや記憶に基づいて、「あの人はこうだ」という思い込みをしています。また、現象面にとらわれて、「あの人には問題がある」という見方をします。

しかし、「それが違っていた」、「相手は完璧で、問題などなかった」と気づいて、ようやくそこで「これが真実だった」というのは、実はおかしいのです。なぜなら、それがもともと真実なのですから――。もともと問題などなかったのですから――。

「問題はない」ということは、それを解決する必要がないということです。相手は神なのですから、相手を救おうとか、何かを教えてやろうなどと思う必要はないわけです。相手は完璧です。

実際、薬物依存症の川端さんのお義父《とう》さんである山里さんや、奥さまの早紀さんは、「彼が素晴らしく見えてきた」と、口をそろえておっしゃいました。

しかし、自分たちの目が変わっただけで、川端さんは一貫して同じだったのです。最初からそうだったのです。川端さんは、学校では、手に負えなかった子どもたちに変化を起こし、慕われ、同僚の先生方からも相談を持ちかけられるような素晴らしい先生なのです。もともと、そのように素晴らしかったのです。

相手に問題はなく、それどころか素晴らしいのですから、一〇〇%自分の問題として、その素晴らしい相手から学ぶ姿勢になってくると、自分も相手も、ますます変化していくことになるのです。

●山里さん、早紀さんのケース

早紀 先週の日曜日に、主人がうちの実家へ行って、そば好きの父のためにそばを打ちました。そのあと、主人が私の実母と話をしているのを見て、「ああ、この人は学校でこういうふうに生徒と接しているのだ」と、改めて知りました。彼が学校の先生として素晴らしいことは知っていたつもりでしたが、母と話をしているのを目の当たりにして、そのことを実感でき、一気に主人への尊敬の念が湧いてきました。

佐藤 どういうところが素晴らしいのですか?

早紀 宗教の話だったのですが、私が母と接しても、父が母と接しても、ありえなかったコミュニケーションでした。母の話を引き出しながら、普通に話していました。私が母と宗教の話になると、なんか敵対しちゃうのです。

佐藤　彼の対応は全く違っていたのですね。

早紀　素晴らしくて感動しました。

佐藤　素晴らしいとか感動したとかおっしゃるけど、何が違うのか言えますか？　そうでなければ、何も変わりません。

山里　実は私も、娘と同じことを言おうとしたのです。まずは、私が今まで見ていた婿は何だったのだろう。婿の何を見ていたのだろうと思いました。彼の依存症のマスクばかり見ていて、中身を見ていなかった。娘が言ったとおり、私の妻はある新興宗教を信仰しています。真面目に強烈に信仰している信者です。ですが、私から見ると、「狭いな」と感じますので、私自身が価値観の押しつけをしてしまっているせいもあって、うまく話ができませんでした。だけど、婿がやると、ヘンにならず、敵対的にもならずに、普通にしゃべることができるのです。私は、「素晴らしい男だ」と、初めて認識しました。

佐藤　ここで、ちょっと私の質問に答えてください。二人とも見方が違っていたっておっしゃいましたよね。全然違っていたということですか？　何がどう違っていましたか？　その違いをお話しいただきたいのです。私から見ると、最初から真反対です。何が真反対なのか、気になるでしょう。そこを明らかにしなければ、彼を認めただけで、自分たちはそのままということですよ。

山里　押しつけがないということを感じます。

佐藤　なぜ、押しつけがないのでしょう?

山里　今、私が申し上げたようなことは、私自身、もう身についていると思っています。

佐藤　お父さん、「私はこれからこう生きます」と言うのは、また同じようになるからやめた方がいいと思います。そうではなくて、今ここで、はっきり分かることが大事です。「これから相手を完璧だと思うようにします」と言うと、今度は完璧で縛ることになり、結局は同じになってしまいます。この違いを明確に言うことから出発しましょう。真反対だと私は言っているのですから。

早紀　私は、主人には「これが良い、これが悪い」という善悪の判断がないと感じました。私は善悪の判断をはっきり持っているけれども、主人はそういうものを持っていないのです。主人は、一般には悪と言われるものに対して、自分自身が深い体験を持っていて、その体験から「でも、神なのだ」という深い認識にいきついていて、そのために揺らぐことがないと感じました。

佐藤　それは私が言っていることと、どこがどう違いますか？

早紀　私は、彼ほどには、「私はなんて悪いのだ」という感じは持っていません。

佐藤　「彼ほど」と、まだ量で言っていますね。私は、あなたは全然違う生き方をしていると言い切ります。こっちへ向かっている電車とあっちへ向かっている電車なのです。

早紀　彼と生活していて違いを感じるのは、彼は流れに乗る、私はこうあろうと思う。

佐藤　それではまだわからない。

（暫時、全員沈黙）

山里　婿の素晴らしさはよくわかるのですが、今までの私の価値観から……。

佐藤　それ以前は、最低の人間に近いようなことを、おっしゃっていました。薬なんかやってということで、彼の実家に怒鳴り込みにいきそうな……。

山里　怒鳴り込むようなことは……。

佐藤　実際に怒鳴り込むということはされませんでしたが、お父さんの心はそうでした。私は心のことを言っています。「全く見方が間違っていた」ということは、これまで「間違った見方をしていた」ということですよ。そのことによって彼が苦しくなり、薬に逃げていたとしたら、あなた方が彼を薬物依存に走らせた張本人ということになります。それにもかかわらず、彼を責めていたとなれば、これは大変なことです。犯人は自分たちなのに、状況だけを見て責めていた。その状況の犯人は彼だと思い込んでいた。でも違っていた。自分が無意識にやっていたことが原因で、そのようになっていた。

早紀 違いの話なのですが、私は彼を救おうとしていたのです。

佐藤 私から見ると反対です。彼がお二人を救わなきゃいけない立場です。逆なのです。逆をやっているのです。彼はあなたがたを救えると思いますよ。お二人も救えるし、お母さんも救えます。それはもうわかります。だから、もしそれを彼の問題だということにしてしまうと、問題のある人間から救われようとは思わないでしょう。だから解決しないですよ。一生解決しないどころか、彼はボロボロになってあの世にいってしまうかもしれない。もしそこまで追い込んだのが自分たちだとわかったら、どうしますか？「間違っていました」じゃ、すまないですよ。命にかかわることです。彼は、家を出るわけにはいかない、妻を愛しているから。結局、前にも後ろにも行けない状態だったら、どこへ行ったらいいのですか？あの世にいくしかなくなってしまうじゃないですか。人間は、前にも後ろにも行けないのが一番苦しいのです。

早紀　私が責めてしまうことに関しては、私は気づくたびに何度も謝っていたのですが、自分自身、全然変わらなくて……。

佐藤　反対の道を行くのだから当然です。「ごめんね」と言いながらも、逆に行くのだから、変わりません。「立ち直ってもらいたくて」と言っていますね。立ち直らなくてはいけないのは自分なのに……。

彼は素晴らしかったって、褒めている場合ではないですよ。自分がそうならなくてはいけない。彼よりもはるかに遅れているわけですから。彼に遅れをとりたくはないでしょう。

早紀　主人を見ていると「力み《りき》」がないのです。もし自分がズレたら、またそこに戻ればいいというくらいの……。

佐藤　奥さんも同じようになれば、彼はズレようがない。

早紀　私の場合は、「問題がないところから動かないぞっ！」というか、力んでいる感じで……。

佐藤 だから、彼の話を聞いて、彼から学んでいけばよいのです。

早紀 はい。

佐藤 そうしたら、ますますスピードアップすることになると思います。「攻守反対」なのです。彼は完全で、神です。そういう前提のもとで、これからはやっていきましょう。

その先は自分たちで～真の自立

当初、妻と周りのご家族は、依存症の夫を疑い、非難し、抑えつけていました。そういった流れが、夫たちを薬物やお酒へと逃げ込ませたわけです。

その流れが変わり始めた今、ここから先はご自分たちでやっていってもらうことになります。その意味でも、これは「自立」プログラムなのです。

「佐藤康行だからできる」「佐藤康行だから治せる」ということではありません。私はただ聞いているだけです。原理さえわかれば、誰でもできる可能性があります。大葉さんは、わずかな期間にお酒をピタリとやめ、仕事もするようになり、親元から出て借金も返すというように、あらゆる面でよい方向に変化してきました。そして、川端さんは、薬物摂取量が五分の一にまで激減しました。

でもそれは、このままいくと佐藤康行に依存して達成できたことになってしまいます。結果的に私が治したということになると、私に依存していることになります。最後は、ご自分たちで治せれば、それに越したことはなく、最も望ましいかたちでもあります。

しかし、これほどの奇跡が起こっているのに、妻たちがご自分でこのメソッドをマスターしようとしないというのは、大きな問題でした。

ここから先は、妻たちの自立ということが課題になっていきます。

●ちづるさんのケース

佐藤　ちづるさんは、「あの人、許せない」と相手を責めるか、「私はだめだ」と自分を責めるかの、どちらかをやっていますね。「この人は依存が強くてダメだ。嘘もつくし裏切るし、もう許せない」と夫を責め、「この人は私では無理だ。立ち直らせることができない」と自分を責める……。相手を責める心と自分を責める心とが、交互に出てくるということだったのではないですか？　心の中に、ですよ。口に出すか、出さないかではなく。

ちづる　ああ……。

佐藤　あなたのそういう心が、夫を追い込んだのです。そして、自分を責めているときには、その場から逃げたくなりませんでしたか？

ちづる　確かに、そうです。去年の十一月には荷物をまとめて家を出ようと思っていました。

佐藤　夫のアルコール依存と自分は関係がある、「自分の問題です」と認められましたね。彼にも原因があることは確かです。でも、少なくともこうして私と対面でやっているうちに、どんどん治っていきました。私の代わりに、奥さんがやってもいいのですよ。私がしているような付き合いを、奥さんがするのです。私は何も強制していません。「飲みたかったら飲みなさい」と言っていて、それはずうっと一貫しています。どうですか？

ちづる　だから、「あなたの問題です」と言われたのですね。

佐藤　そういうことです。私から見ると、あなた方の立場が反対でもおかしくないのです。自分を責める心から、奥さんがアルコール依存になって、職場の人間関係がガタガタになって、逃げ場がなくなって、お酒を飲むしかなくなる、ご自分がそうなってもおかしくないのです。女性のアルコール依存もたくさんあるんですよ。ここから先は、自分の問題と捉えて、私がしているようなことを、奥さんがするのです。それができれば、一番いいではありませんか。

●早紀さんのケース

早紀 二人で話し合っているうちに、主人がふっと、「やっぱり自分は、父との関係がどうも出来ていないから……」と言い出しました。

佐藤 お父さんと、何が出来ていないんですか?

早紀 お父さんは彼の薬のことも知らないし、関係が出来ていないというか、和解しきれていないということなんだと思うんですが。別にけんかをするわけではないし、会えば会ったで話はするんですが、あまり会おうともしないという感じなんですね。どうも彼自身、お父さんとの関係で前々から引っかかっているみたいなんです。

佐藤　原因はある程度分かりましたね。ご主人は、薬が半分になり、四分の一になり、五分の一になり、もう間もなく止める瞬間までいきましたよね。それはどうしてだと思いますか？

早紀　佐藤先生とのやりとりで。

佐藤　そこなんです。今、原因を知ることはもちろん大事なんですが、それが一番ではない。私と一週間に一度会って、どんどん薬物の量が減っていって、薬がなくてもいい寸前、紙一重のところまでいきました。それは誰を頼っているんですか？　私を頼っているでしょう。ここから先は、自分がやるんですよ。自分の学びなんです。私と同じようなことが、自分でできるようになればいいのです。このままだったら、私が彼の奥さんになった方がいいということになりますよ。

早紀　そういうことを二人で話せるようになったっていうのは、すごく変化だなって思ったんですけど。

佐藤　進歩していることは認めます。だけど、奥さんが一番悩んでいた問題ではないですか？　一番悩んでいて、一番苦しんでいた人が、自分でやらないで人任せにするというのはよくないのではないですか？　私の胸先三寸になってしまうわけです。

本当に彼は、今にも薬を止めそうで、もう一息のところまでいったのです。「これは奇跡だ」「こんなことはありえない」と彼は言っていましたね。ありえないことが起きたんです。そのありえないことを、奥さんのために取っておいたわけです。最後まで私がやってしまうと、全部私の手柄になるんですよ。最後の一線は、妻のおかげだというところを、取っておいたわけです。「妻のおかげで私は薬も止められたし、こうなりました」ということになったら、そこからもう、さらに変わっていくと思うのです。

4. 阻害要因

疑う心〜過去のトラウマ

ここからは、この自立プログラムを進めていくにあたっての阻害要因となったことについて述べていきましょう。

まず一つ目は、疑う心です。人を疑う心というのは、その人が変わろうとしている時に、足を引っ張ります。その人の過去をよく知っていて、それを引きずれば引きずるほど、足を引っ張ることになるのです。

そして、その疑う心は、「過去にこうだったから」というトラウマ（心の傷）からきています。「思い込み・トラウマを消す」の項でも述べましたが、思い込みやトラウマは、真逆の行動をすることで、よくなっていきます。

しかし、その人から裏切られ、「信じられない」という思いを何度も経験すれば、その記憶から、心が「疑う」という反応をしてしまうのは当然のことでしょう。疑う心があるのに、その真逆の行動をしようと思うことは、誰だってできるはずがありません。

そうではなくて、これも、「くれ、くれ」の気持ちを「あげる、あげる」の真逆にすればいいのです。疑う心には、「くれ、くれ」の気持ちがひそんでいます。本当にこうして「くれる」のだろうか、本当にこうなって「くれる」のだろうかと、相手に求める気持ちです。信じなくてもいい、ただ「あげる、あげる」でいいのです。「あげる」ということは、前にもお話ししましたように、「何かしてあげることはできないだろうか」という心を持つということです。「相手が望んでいることはなんだろう」と考えることです。そして、もし自分で分からなかったら、相手に聞けばいいのです。

「くれ、くれ」から「あげる、あげる」の真逆をするためのツールが、「**わがままスッキリノート**」です。これによって、疑う心もなくなっていきます。

川端さんの奥さんである早紀さんは、過去の経験（記憶、トラウマ）から、ご主人を疑う心がありました。その時の会話をここでご紹介します。

●早紀さんのケース

佐藤　ご主人を疑ってしまう心が出た時も、真逆をやった方がいいでしょう。

早紀　信じることですか？

佐藤　信じるといっても、信じられないことは信じられない。相手を信じると言っても、その人に何回もだまされていたら、信じられませんね。私が言っているのは、「あげる」ということです。「もっとあげたい、もっと使ってほしい、なんであげているのに使わないのかな」これが真逆です。これなら信じる必要はないでしょう。使ってほしいだけで、返してほしいと思っていないのですから。

早紀 おっしゃっている意味はわかるのですが、先生が伝えようとしてくれていることがわかりません。

佐藤 早紀さんは、「何かをくれ」と言っているのです。でも、「あげる」ことを考えていたならば、「くれ」という脳は働きません。それを言っているのです。

早紀 彼が私に望んでいることは、「疑わないでほしい」「存在を認めてほしい」ということですね。

佐藤 その前に、本人に聞いたらいいじゃないですか。どういうふうにしたら信用されていると思うのか、と。

川端 僕としては、今、奇跡を体験している真っただ中にいるような気持ちで、すごくラクになりました。それを一緒に感じてほしいというか……。

※

相手を疑うのではなく、認めるということは、つらいことではありません。そして、人は、誰もが「認められたい」、そういう欲求を持っているものです。

ですから、それを惜しみなく与えればいいだけなのです。自分が与えることで、相手が喜んで元気になってくれたら、それと同時に自分も喜びに満たされます。GIVEイコールTAKEなのです。

●川端さん、早紀さんのケース

佐藤 薬については、今は奥さんの管理になっていますよね。

早紀 漢方薬を買いにいくのは私で、咳《せき》止めを買いにいくのは彼ということになっています。

佐藤 どうして、そのようなことに？

川端 買ってきて渡してもらう感じです。

早紀 彼が飲んでいる咳止めは、一度に複数を売ってはいけないことになっています。それが、彼の行きつけの店では、彼の顔で一度に五本くらい売ってくれるのです。

佐藤 そのような薬を、一日に二本も三本も服用すべきではありませんね。奥さんが薬の管理をするということになったのですから、一緒に行って、「これからは妻が買いにきますから、これまでどおりお願いします」と言えばいいのではないですか？

早紀　漢方薬を売っているお店は家から遠いし、咳止めも仕事と家事の合間を縫って買いにいかなければならないので、彼が買ってくる方がラクでいいのです。

佐藤　では、彼が買ってきて奥さんに預けるというのは、どうですか？　大葉さんがお金を全部奥さんに預けたように、彼が薬を買ってきて奥さんに預けて、改めて奥さんからもらうということにすれば？

川端　私が買った薬は、現在、すべて渡しています。

早紀　また「疑う」って怒るかもしれないけど、彼が買ってきたものは、いつも袋が開いているのです。袋が開いた状態で私に渡すから、「なんで袋が開いているのかな？」と思ってしまう。

川端　買ったものは全部渡しています。袋が開いているのは、袋を開けて中を確認しているだけで、そんなに深い意味はなかった。

佐藤　では、この次からは開けないで渡すようにしましょう。

早紀　本当はレシートが欲しいのです。でも渡さない。

川端　いいよ、レシートも全部渡すよ。
佐藤　では、この次からはレシートも渡して、袋は開けないで渡すということに――。それにしても、まだ疑う心があるのですね。それは、過去のトラウマですね。
早紀　あります、確かに。過去のトラウマが。
川端　全然知らなかった。
早紀　だって開いているんだもの。
川端　初めて気づきました。ああ、そうだったのかって。
佐藤　話は変わりますが、川端さんは、どういうときに奥さんに対して感謝の気持ちがわいたり、好きだと思ったり、好意的な思いになりますか？
川端　やはり、疑わないで信じてくれたときかなあ……。今までずっと疑われてきたから。
佐藤　一つ目は、疑わないこと。それから？
川端　こういう時は私には絶対にこうする権利があるという、そういうのをなくしてくれて、存在を認められた時が、すごく、無条件にうれしいですね。
佐藤　具体的に、どういう時に「認められたな」と思いますか？

川端　薬が減ってきたのを、「絶対大丈夫だ」という目線に立って見てくれることとか…。

佐藤　そうですね。薬はもうすでに四分の一にまで激減していて、願っていたことが、今かないつつあるのですよ。一番大事なことが解決してきています。彼の場合は、薬の量という、変化がとてもわかりやすいものがあります。彼が変わるということは、鏡ですから、妻のあなたも変わるわけですが、何がどのようによくなりましたか？　四分の一にまで改善されたものがありますか？

早紀　うーん……。

川端　「あなたのためにこれをやってあげているから、私にも当然こういうバックがなくてはいけない」という、それがなくなると……。

佐藤　GIVEアンドTAKEという考え方がいやなのですね。

早紀　だって、大変なんだもん（号泣）。……そうはそうだろうけど、大変なんだもん。家のこともして、仕事もして、薬も買いにいって……。彼は、家のこと全然してくれないし、全部、私がやっているといえば言い過ぎだけど……。私としては、やった方がいいと思う行動は、全部しているつもりです。薬を渡すときも、悪いエネルギーを出してはいけないと、気をつけて渡すようにしているし……。

日常やっていることで、体力的にしんどいと思うことがあるのですが、そうしたときに、私の場合は、「でも、やらなくては」と思って無理をするわけです。それが、鬱積《うっせき》している感じがして……。それ以上何かしろとか言われるのが、今、すごくしんどいのです。「これ以上できない」じゃないですけど……。

佐藤 彼を認めてあげることは、しんどいことですか？

早紀 いいえ。しんどくないです。

佐藤 そうでしょう。

※

後の章でも述べますが、この自立プログラムの取り組みにあたって、相手の変化を認めてあげるということは、とても重要なことです。

しかし、「**自分の問題ではないと思っている人へ流れを変える**」の項でもお話ししたとおり、過去のトラウマからくる疑いの心があると、相手の変化を素直に認めてあげることができません。

トラウマというのは、「覚えている」ということです。覚えているから、湧き出てくるものに苦しめられているのです。そしてそれにとらわれ、疑いの心が出てくるのです。

しかし、それは過去の残像です。実像を見ていないし、今に生きていないのです。

責める心

今までにもお話ししてきましたが、依存症の人たちは、それ自身が悪いことであり、問題であるという自覚があるために、十分に自分を責める心があります。そこに加えて、周りからも責められます。その結果、周りが責めれば責めるほど、それから逃れるためにお酒や薬物にはまっていくということが見えてきました。

このように、責める心とお酒・薬物とは、大きく関連しています。その責める心が、依存症を克服しようとするときに、足を引っ張る要因の一つになっているのです。

その証拠に、アルコール依存症の大葉さんの奥さんであるちづるさんには、ご主人を責めるエネルギーがありました。そして、それがなくなった時に、大葉さんは変わり始めたのです。

しかし一方で、責める性質を変えるというのは難しいものです。なぜなら、不完全だと思うから、完全にしようとして責めているのであって、ご主人を責めることを悪いと思っていないからです。

そもそも、人を責めるというのは、その人に依存していることでもあります。相手に、自分を幸せにしてほしいから責めているのです。すなわち、**批判や不満、責める気持ちは、依存なのです。**

奥さまたちは、ご主人を愛していらっしゃいます。愛しているがゆえに、「アルコール依存症や薬物依存症は悪いことだから、克服してほしい、良くなってほしい、そして幸せにしてほしい」と思っています。その表現が、責めるという形になっているにすぎません。愛のエネルギーが、全部責める方にいっているのです。

●早紀さんのケース

佐藤 ご主人に変化はありましたか？

早紀 薬の量に関しては、変化はありません。

佐藤 減ったとおっしゃっていましたが……。

早紀 四分の一にまで減ったのですが、そこから減るのは止まっています。それに、四分の一というのは、ちょっと言い過ぎで、減ったのは嘘ではありませんが、私から見ると三分の一程度ですね。それと、彼のカバンの中が気になって、こっそり見たら、やっぱり錠剤が二瓶ほどあって、けんかになりました。

最初にカバンの中を見たと言うと怒ると思ったので、「他には持っていないのかな?」としつこく聞いたら、「実は錠剤を持っている」と白状しました。「それって、嘘じゃないの?」と突っ込んだら、「お守りみたいにして、持っていただけだ」と言うのです。「そんなの嘘でしょう!」とさらに突っ込むと、「嘘だ、嘘だと言われると、オレは薬を飲みたくなる」と言うのです。彼の言うように、本当に持っていただけで、飲んでいないかもしれないのですが、そこはちょっとわかりません。

佐藤

プロジェクトに参加するまでは、彼は「薬はやめられない」と言い切っていました。「飲んだら死ぬとわかっても、飲むかもしれない」とまで言っていたのです。その人が、薬の量を三分の一、四分の一にまで減らすことができたのです。

それなのに、ご主人の驚異的な成果が正しく評価されていません。薬が減ったことについて、ご主人は四分の一と言っていましたが、奥さんは三分の一程度だとおっしゃる。人というのは、うれしいと、ついつい大きく言ってしまうところがあり、言ったことに心が後からついていって、本当に四分の一になるかもしれない。それなのに、「嘘を言っている」とか、「自己を美化してオーバーに言っている」などと言われると、彼はまたそこから逃げたくなるのです。どこに逃げるのかというと、薬ですね。薬に向かう原因が逃げにあることは、今回のプロジェクトのこれまでで判明したことです。

ですから、彼がいたたまれなくなり、逃げ出したくなるような環境をつくることが、彼に薬をやめさせない最も効果的な方法なのです。私が彼に、「薬が減って四分の一になったのではなく、三分の一じゃないですか」と問い詰めたら、おそらく彼は、完全に崩れていくと思いますよ。

早紀 すみません（涙）。もちろん邪魔をする気はないのですが、ついポイントがずれてしまうというか……。今のように言っていただくと、ああ、またずれてしまったと気づくのですが……。

佐藤 ここに参加をするのは、彼の問題ではなく自分の問題だと受けとめるためです。そのように受けとめると、人を責める性質を改善することは、彼が薬を減らすのと同じくらい、あるいはそれ以上に難しいことだとわかってくるでしょう。

責める心を変えていくためには、二つ方法があります。

まず一つ目は、「わがままスッキリノート」です。相手に対して、批判や不満など、責める気持ちが出てきたら、それを変換し、行動するのです。自分がしてほしいことを、してあげるのです。そうやって、行動から変えていくのです。

行動していくうちに、心が変わってきますし、そういう脳が開発されていきます。「こうしてほしい、こうなってほしい」と相手を責めるような心が出てきた瞬間に、「それをやってあげよう」という脳の回路が出来上がるような感覚です。そうしていくうちに、その脳の回路がどんどん太くなり、今までの、相手を責めていた自分、「くれ、くれ」と手を出していた自分から、「あげる、あげる」と行動に移す喜びに満たされた自分に変わっていくのです。

そして二つ目は、ここでも真逆をするということです。相手の行動などを責めるのではなく、その真逆である存在を認めるところから始めるわけです。認めていないから責めているのですから——。

※

それには、美点発見をすることです。「**流れを変えて、真逆にする**」の項でも述べましたが、相手の素晴らしいところ（美点）を発見していれば、その人を責めるような言葉が、褒める言葉に変わります。そうしているだけで、相手に対する思いが変わっていき、認めることにつながっていきます。

実際に、川端さんから「認めてもらえた」と感じたことによって、自分を責めることがなくなり、薬物の量が減ってきたという報告を受けました。

●川端さんのケース

佐藤 川端さん、その後どうですか？

川端 相変わらず調子は良いです。摂取量が減って、だるさはあるのですが、出てくるはずの痛みが出てこなくて、すごいなと思っています。

佐藤 一番大きかったのは、自分を責めることがなくなったということではないでしょうか。今までは、薬を飲むことに罪の意識を持っていて、その罪の意識をなんとかしようとまた薬を飲むという悪循環でした。

佐藤 自分で自分を責める気持ちがなくなったことが、薬が減った一番の原因ですか？

川端　そうですね。今までは、考えれば考えるほど、「何をやっているのだろう」っていう責める気持ちが出てきて……。自分は悪いことをやっていると思っていたけど、認めてもらえた、許されたという感じでしょうか。

※

何か悪いことをしたときに、罪の意識は必要です。罪の意識がなければ、さらにやってしまう可能性があります。そうならないために、罪の意識があると言ってもいいのです。しかし、川端さんはこのようにおっしゃいました。「罪の意識が自分を責める心になって、それが苦しくてまた薬を飲むのだ」と。罪の意識は、本来自分を守るためのもので、味方であったはずのものが、敵になってしまったわけです。

人間の心というものは、良いと思うことでも悪く作用することがあります。だから私は、人間の心（＝偽我）ではなく、内なる神の心である真我から目を離しません。そこには罪もないし、すでに許されている完全な世界があります。神が創ったままの完全な姿。そこから目を離さないことです。ここが一番大切です。

枠にはめる～自分の理想

人は、成長していく過程でいろいろな人と出会い、たくさんのことを経験します。そうやって、自分の中に価値観や理想といったものが出来上がっていきます。

やがて、人は自分の価値観に合わない人を心の中で裁いたり、自分の理想とする枠に相手をはめるようになっていきます。そのために、自分が過去に学んだ、良いと思うもの、価値観、理想、そういった決めつけが人間の苦しみを生み、それによって、さまざまな問題が生じてくるのです。

しかし、それらは自分で勝手に作り上げた価値観であり、理想にすぎません。例えるなら、それは人間が作ったダイヤモンドのイミテーションのようなものです。ダイヤモンドは、自然界で形成され、人間が発掘する以前から存在していた石です。人間が作ったものではない、本物です。人間には作れないのです。

しかし人は、自分が作り上げた理想を、イミテーションにもかかわらずダイヤモンドだと思って大事にしがちです。そして、「こっちが光っている」「こっちの輝きの方が透明感がある」などと言っています。そのイミテーションで、人をはめようとしているのです。「こうやれよ」と言い、「あなたは偽物だ」と言っているのです。

また、人には、枠にはめられそうになると逃げたくなる本能があります。枠にはめられてはたまらないと逃げるのです。

川端さんを例にあげると、奥さまである早紀さんと、お義父さんである山里さんから、善や正義といった価値観、理想という枠にはめられ、そして責められ、裁かれていました。しかし、彼は妻を愛しているために、どこかに逃げたくても逃げられない。だから悩んだのです。

彼の悩みは半端なものではなく、相当なものであったと思います。だから、このブログラムの第一回目の時に、「薬を飲んだら死ぬとわかっていても、薬を飲むかもしれない」と言ったのです。

では、相手に枠をかぶせないようにするには、どうすればいいのでしょうか。

自分の価値観や理想からくる思いというのは、どうしても出てきます。自然と湧き上がってくるものです。そして、しゃべりたくなります。しかし、その**しゃべりたくなる心**が、**相手を枠にはめようとする心**なのです。

言えば言うほどかぶさって、かぶさったものが枠になります。枠をかぶせないようにするには、相手の中にある真我を引き出す気持ちでいくことです。引き出すのであって、かぶせるのではありません。

そのためには、聞くことです。あまりしゃべらないことです。聞くことの反対がしゃべることです。**聞くことは引き出すことであり、しゃべることはかぶせること**なのです。

●早紀さん、山里さんのケース

山里 昔からかぶせるところはあったと、自分でも思っています。ここに来るようになってから、だいぶ減ってはいるのですが……。でも、まだかなり残っていると思います。

佐藤 こうやって変化しているのですから、「おお、すごいね！」と、心から共感するところから練習していくといいですね。聞くことを大切にして、しゃべらないようにするということも大事です。

山里 昔からしゃべり過ぎると言われます。

佐藤 しゃべり過ぎるということではなく、かぶせるように話をされるのです。

早紀 引き出すためにしゃべるのではなく？

佐藤　引き出すというより、相手は神様なのだから、「わあ、すごい！」というところから始めて、その話を膨らませるのです。

早紀　今、次の一歩を示していただけてよかったです。主人の話を聞くところから始めてみたいと思います。

山里　私は婿とは、当たり障りのない会話しかしていないので、彼に対して、おおいかぶせることをやったことはないというか……。

佐藤　お互いに立ち入らない、ということになっていたわけですね。
私が言っているのは、会話の内容ではなく、思いです。お父さんの思いには、見えないエネルギーがあると思ってください。黙っているだけで感じることがあるでしょう。口に出すか出さないかではないのです。いったん思うと、そういうエネルギーを発して彼を縛ってしまうのです。

※

自分の理想という枠にはめるというのは、「こうなってほしい」と願っているからです。それが強ければ強いほど、相手のかけ離れたところが目につく結果となり、裁きの心が出てきます。ですが、相手は真我であり、完全完璧です。完全完璧としてみたときに、そのような願いはなくなります。

「こうなってほしい」というのは、「こうだったらいいのに」という相手に対する不満があるからです。不満というのは、不足しているということであり、足りなくて「くれ、くれ」と手を出すことです。ですから、その真逆で、「あげる」ことだけを考えると、不満を持つ暇がなくなります。そして、「あげる」ことで相手が喜び、それによって自分自身も喜びで満たされた時、「くれ」と手を出すことはなくなっていきます。

そもそも、本当のあなたは真我なのです。最初から満たされていることに気づけば、手を出すことはないでしょう。

5. 変化への加速

即、行動で、時間の無駄を省く

前の章では、自立プログラムを進めていくにあたっての阻害要因についてお話ししました。ここからは、この自立プログラムでの変化を加速させることとなった、いくつかのポイントについてまとめます。

さて、この自立プログラムは、私が、真我という「完全」から答えを出しながら進めてきました。

しかし、私がそうやって答えや結論を先に言ってしまうと、言われた方は、理解することができなかったり、軽重の判断が合わず、最初はいろいろと抵抗します。また、頭で理解したとしても、「これを言ったらなんと思われるだろうか」「こんなことをしたらどうなるんだろうか」などと心配し、不安と恐怖の中でいろんな妄想を繰り返し、躊躇《ちゅうちょ》したりするわけです。

そういった抵抗や躊躇も分かるのですが、時間がもったいない。私は、真我という「完全」から答えを出しているのであって、それは宇宙の真理に基づく、究極の答えです。そしてそれは、その人の深いところにある考えに協力し、深いところで望んでいることを応援しているのと同じですから、最後には意見が一致します。ですから、時間の無駄を省いて即、行動した方が効率的で、変化は早くなります。

私が言ったことに「ノー」と反応し、自分の考えを優先することは、私を負かしたということになります。私を負かすことは簡単なのです。そして、「ノー」と言えばあなたが勝ったことになるのですが、自分の考えで本意ではない今の状態になっているのだとしたら、自分が勝つことによって改善する可能性がなくなるということになります。「イエス」と言って、私に負ける。できれば、無条件降伏をする。そうすれば、変わっていく可能性が開けますし、「イエス」と言うまでの時間や、それを実行するまでの時間ができるだけ短い方がいいということなのです。

行動が速いのは、とてもいいことです。即、行動していると、それまでとは違う景色が見えてきます。相手の反応が変わり、環境が変わっていきます。そうしているうちに、自分自身も変化して、いい循環が生まれます。**行動するとは、「自分が変わる」ということ**なのです。

相手に伝わる具体的な行動

川端さんの奥さんである早紀さんは、ご主人のことを大変愛していらっしゃいます。川端さんも、「愛されていることは分かっているものの、それが感覚的に伝わってこないのだ」とおっしゃいました。

愛は十分にあるのだから、的はずれな表現をするのではなく、ご主人たちのお酒や薬物の量の変化のように、誰が見てもはっきり分かるような、相手に伝わる愛情表現ができるのが理想的です。誰しもが、具体的な言葉や行動を求めているものです。心で思っているだけでは、なかなか伝わってきません。ですから、相手に伝わる具体的な言葉や行動をする必要があるのです。

こういう時は、これまでも繰り返し述べましたが、「何かしてあげることはできないだろうか」「相手が望んでいることはなんだろう」という心を持つといいでしょう。そして、自分で分からなかったら、相手に聞けばいいのです。

ここでも、「わがままスッキリノート」を活用することができます。「わがままスッキリノート」には、「〇〇（相手）からのリクエスト」を書く欄があります。ここで、常に「相手が望んでいることはなんだろう」という心のアンテナを張り、感じ取るという訓練をしましょう。そして、相手から言われたり、感じ取ったリクエストに、素直に応えてあげましょう。

そのようにして、相手に伝わる行動をしていると、相手との関係が変わり、起きてくる出来事もどんどん変わっていくのです。

変化を認める

相手が「変わったな」と感じたら、その変化を本人に伝えてあげる。忘れないように、いつでも言えるように、気づいた時にメモを取っておくといいかもしれません。なぜなら、自分が変化をしているときに、その変化を認めてくれる人がいるのといないのとでは大きな差になってくるからです。

人間は同時に二つのことを考えることはできませんから、相手が「変化してきているな」と感じているときには、不満は出てこないし、責める気持ちも出てきません。そして、その変化をきちんと認めることができたら、それをずっと認め続けていくことがとても大切です。それが日常的になって、当たり前になるまで、そうとしか思えなくなるまで認め続けることです。そうしていくうちに、それが自然と言葉になり、態度になって、行動に出てくるようになります。それが流れを変えることになるのです。

それは、自分に対しても全く同じです。自分の変化もきちんと認めることです。**変化を認めて初めて、それは心の中に存在化し、現実化します。**心のとおりになっていくのです。ですから、相手の変化も、自分自身の変化も、きちんと認めるということは、非常に重要なのだということがお分かりいただけるでしょう。

変化を認める時のポイントとして、次の会話をご紹介しましょう。

●ちづるさんのケース

ちづる　主人は、もうかれこれ一カ月以上、早朝から仕事に行っているので、仕事が定着してきていて、ヤケを起こさなくなったというのを感じています。以前は、ムカッとくるとヤケを起こして、せっかく続けていたことでもすぐにやめるって――。そういう気配が全然ありません。だから、私も安心していられて、不安がなくなりました。

佐藤　ご主人がヤケを起こさなくなったとおっしゃいましたが、私の耳には、ご自分にとってすごく「良い」というふうに聞こえるのです。自分にとって「良い」と感じることだけを変化とするのではなく、ただ彼の変化を認めていくのです。

ちづる　うーん……。その観点からは、前とは全然違うとしか……。

佐藤　見えたものだけを見るのではなく、見えていないものも見えるようにするためには、例えば、「今日会社で、どんなことがあった?」と聞くのです。そうすることによって、自分が見えていたものと違うものが感じられるようになります。変化がよくわかるようになるし、コミュニケーションを深めることにもなります。

※

このように、自分の利害関係を交えて、自分にとっての「良い」と感じることだけを変化とすると、すべての変化を正確に見ているとはいえません。さらには、自分が見えたことだけではなく、相手から聞くことによって、さらに積極的に変化を発見していく姿勢がコミュニケーションを深めるというメリットにもつながります。そして、より多くの変化に気づくことができ、変化の全体像や流れのようなものを感じとることもできるでしょう。

しかし、人というのは、変化しているにもかかわらず、その部分をきちんと認めずに、そうではないところ、まだ変化していないところが気になって、そこを責めたりするものです。そういった早紀さんとの会話をご紹介します。

●早紀さんのケース

佐藤 川端さんは、今回のプロジェクトで次第に薬物依存症が治ってきて、薬の量も四分の一になりました。でも、奥さんの話だけを聞いていたら、「あまり効果なかったのかな、意味がなかったのかな」と思ってしまう一瞬もあります。それが、私の正直な気持ちです。薬の量が短期間に激減したことを少しも喜んでないわけです。これほどのことをやった彼を認めている感じも伝わってきません。長年苦しんでいたことからの脱出を、彼が本気でやり始め、めざましい成果をあげているのに……。

早紀 ずっと喜んでいましたけど……。

佐藤 でも、それが伝わらないのです。いくらいいように変化をしていても、前のままの状態でガーッと責めたりしていたら、人から見て同じに見えてしまうわけです。改善したようには見えないのです。一番大事なことは解決しているのに、そうではないこと、そうではないところで、ガーッと騒いだら、すべてが帳消しのようなことになってしまうのです。

早紀 はい……。

佐藤 一番大切なところが大きく改善されてきている。そこを中心としてやっていけば、小さなことは自然に、必然的に解決します。一番大切なことを解決させた方法で、その他のこともやっていけばよいのです。

※

川端さんの例のように、薬物の量が四分の一になったという、一番大切なところが変化してきたら、小さなことにはとらわれずに、その一番大切な変化したところをしっかり認めていくことです。**大きな流れが変わったときに、小さな流れがもとのままで変わらないということはありえません。**

また、大葉さんは、流れを真逆にすることによって大きく変化され、自立プログラムを始めて一カ月たった頃、いくつかの素晴らしい変化が同時に起こりました。親元を離れて夫婦だけで住むことが決まるのと、アルバイトだった仕事が正社員になるのと、夫婦仲が良くなるのが、ほぼ同時でした。

実際には、それぞれの変化にわずかな日数の違いはありますが、互いに影響を与え合いながら、本質的には同時に変化していったわけです。そして、川端さんも、薬物依存を克服しようという動きをしていたら、学校の生徒が良くなってきたとおっしゃいました。

このように、真我の世界では変化が同時です。本当の自分で行動していると、さまざまなことが同時に変化してきます。ですから、その同時に起こった変化を発見して、認めていくのです。そして認めたものが現実化するという、素晴らしい循環に入っていきます。

●大葉さんのケース

大葉　三月十四日に親元を出て、引っ越すことになりました。朝の四時半出勤のため、いま住んでいるところでは体がもたないからです。引っ越しても、両親の家まで三十分くらいなので、「何かあれば駆けつけるよ」と言っています。

佐藤　ご両親はなんと?

大葉　その方がいいだろうと言っています。父親の方は「せっかくやって来たのに、また出ていくとなると、いろいろと費用がかかる」といったニュアンスは、ありましたが……。

佐藤 今回、引っ越す理由は、本当は違いますね。それは言ってないのですか？

大葉 言っていません。「波風を立てない方がいいだろう」ということで。

佐藤 それならそれでいいと思います。

大葉 それと、三カ月は見習い期間だったのですが、社長と現場のリーダーが、「三月から正社員になるように話を進めるね」と言ってくれました。

佐藤 仕事ぶりを見て、必要な人間だと思ったのですね。

大葉 ただ、正社員の仕事は厳しいので、「なまっちろくないので、そこだけはよろしくね」と言われています。

佐藤 それは大丈夫ですね。

大葉 お金の面では、これまでは収入は私が握っていて、妻にお金を渡していたのですが、すべて妻に渡すことにしました。今回、試用期間分の入金が若干あって、それを期に通帳とキャッシュカードを妻に渡し、私がお小遣いをもらうかたちにしました。

佐藤　それはそれで納得ですね。

大葉　はい。不満はないです。その方がオープンですから。

佐藤　奥様もそれでＯＫしていますか？

大葉　はい。

佐藤　親からもらっていたお金はどうしましたか？

大葉　それはもうないです。親からお金をもらうということは一切していません。そういう状況です。

佐藤　以前、提案したと思うのですが、いくらかでも親に渡すとか……。親から借りている五十万円も、少しずつでも返した方がいいという話もしましたが、そのことは考えていますか？

大葉　ごめんなさい。すっかり頭から抜けていました。

佐藤　親から借りた五十万円は、必ず返済する計画を立ててください。そして、金額は別にして、千円でも二千円でもいいから、「これから働いて返しますから」と言って、封筒に入れて持っていってください。金額もさることながら、大切なのは必ず返済するという姿勢です。親に五十万円借金しているということを絶対に忘れないでください。忘れていたということは、まだ甘えがあるのです。他人だったらそうはいかないですよ。

大葉 はい。

佐藤 五十万円を完済しても、それで終わりにするのではなく、何かプレゼントするとか、そういうことを考えてください。そうして、返済し終わった後に、さらに流れを変えるのです。流れを反対にするのです。

大葉 わかりました。そうします。

佐藤 それで、お酒は一滴も飲んでいなくて、夫婦仲はどうですか？

大葉 妻が優しくなって、何が起きても一緒に共有できる、よき理解者というか、苦楽を分かち合えるようになってきました。結婚して四、五年たつのですが、今のように心が通じ合えていることは、これまでなかったことです。

●川端さんのケース

川端 僕は、薬の量は五分の一に――。

佐藤　四分の一からさらに減って五分の一になったのですか?

川端　ただ、お金の面で、教師は生徒の未納を立て替えないといけないのですね。それが十万、十五万となって、立て替えるお金が五万円足りなくなって、親に電話をしたら、「いいよ」と言ってくれたのですが、なぜか今月は、立て替えていたお金が早く返ってきて、親に借りずにすみました。

ほかにも、僕のことを呼び捨てにしていた子が、だんだん変わってきて、「わたし先生大好き」と書いた紙を黒板に張ったりしてくれて。子どもたちをどうこうしようという気持ちはなくて、自分の薬のことを何とかしようとしているだけなのに、以前より子どもたちは良くなっています。

佐藤　どうしても五万円必要だと思った時、やっぱり親が浮かんできたわけですね。自分が親に面倒を見てもらうより、自分が親の面倒を見るくらいの流れにしましょうということでしたが、どうですか?

川端　僕も、甘えのエネルギーを感じたのです。

佐藤　まだちょっとそういうエネルギーが残っているということですね。

川端　そうですね。ありますね。まだ自分でも残っていると思います。

佐藤 五分の一だと、まだどこかに甘えの構造というのが残っているということですか。例えば、事業をやっていて金融機関に借りるというのは、金融機関に対して甘えはないですね。親に借りるのとは全然意味が違うということです。一〇〇%返さなければならないのですから。何かあったら返さなくてもよいというのではありません。親だと困ったときにちょっと待ってと言えますね。それをすごく感じたのですが……。

川端 そのとおりです。まだそういうところがあります。

※

読んでいただいて分かっていただけたと思いますが、やはり、両親への甘えと依存症は関係が深いようです。親に依存するという流れを、親孝行するという流れに変えることで、同時にお酒や薬物への依存にも変化が起き、克服できるということが言えそうです。

揺るがないこと

揺るがないということは、とても大切です。

川端さんが、こう言ってくださいました。

「佐藤先生は、いかなる場合も揺らがないで、私のことを完全に認めてくれている。だから私は薬がいらなくなった」

私が揺らがないのは真我だからです。「相手は神であり、完璧で、問題はない」というところから、一歩も下がることなく、絶対に揺らがないのです。

そうやって**私が揺らがなかったら、私と向き合っている相手が変わるしかない**のです。その相手の脳が自然に変わっていくのです。そして、その勢いが増せば変化が早くなっていくのです。

実際に、完璧だというところから揺らがず、川端さんのお話を聞いたことによって、心の中に希望が生まれ、その希望が、脳まで変えてしまったと、川端さんが話してくださいました。

●川端さんのケース

佐藤　こんばんは。川端さん、どうですか、その後？

川端 順調です。一番飲んでいたころの半分になり、それがさらに半分になりました。そして、服用量が四分の一になっても、痛みはありません。いまは燃えカスみたいな感じで、少し残っているかなあといったところです。ゼロにする前に、もう一つ越えなくてはならないものがあるような感じもします。

佐藤 なぜ減ってきたのでしょうね？

川端 本音で話を聞いてもらえる人を得て、本音で自分の苦しさを話すことができ、心がラクになって、初めて大丈夫かもしれないという希望が見えてきました。希望が見えてくると、やってみようという気になります。これまでは、どこかで諦めていたわけですが、それがゴールが見えてきて、そこまでいこうという意志も持てるようになりました。そのことによって、離脱症状の痛みとか、焦りとか、不安というものが消えていったように思えます。

これまではものすごい苦痛があったのですが、それは脳が痛みを発していて、その脳が痛みを発することをやめたということだと思うのですが、脳に痛みを発することをやめさせる力が、自分の中にあったということですね。

佐藤 すごいですねえ。

川端　本当に、すごいことです。佐藤先生のところでは普通のことかもしれませんが、ものすごい力が私のなかにあったということです。今までそのような力はなかったというか、あっても顕在化していなくて、この自立プログラムによって、その力が目覚めたのは、直接的には希望によるものだと思います。本当の希望が、少しでもいから見えたならば、脳すら変わるということでしょうか。

※

希望が出てくると、このような効果があるのですが、確信もまた大切です。大葉さんは、以前にもお酒をやめたことがあります。ですから、今回大葉さんが一番行動が早かったのです。どこかで、必ずできるとわかっていたのですね。こういった確信が、揺らがないでいられる力になります。

このように、自分の体験、確信が大事なのですが、人の体験もまた、自分の変化につながります。例えば、川端さんが大葉さんを見て、アルコール依存症を克服したということを目の当たりにすると、依存症は克服できるんだということに確信が持てて、その人の変化がスピードアップするのです。そういう意味でも、自分が乗り越えたという体験は、人のお役に立てるということなのです。

6. 真我の目覚め

正しい考えに依存～ポジティブな依存

人というのは、人生においてたくさんの人と出会い、さまざまな経験を通して多くのことを学びます。また、自分にとって興味のあることや必要な知識を勉強し、吸収していきます。

そうすることで、価値観というものが形成されていきます。すると、その価値観からくる正しい考えに依存します。私から見ると、これも一種の依存症といえるのです。「正しい考えに依存している」などということは、おそらく私以外に指摘する人はいないでしょう。正しい考えを言えば、ほとんどの人が、「おお、素晴らしいな」と聞いてくれるでしょうから、そのままで通ってしまうわけです。

一方で、今回取り上げた薬物依存症やアルコール依存症は、同じように依存ではあっても、「素晴らしい」と思う人はいません。周りの人は、悪いことであり気の毒な人というように見ますし、本人自身もよくないことであると思っています。ですから、こういったネガティブなものは逆に治しやすいのです。

難しいのは、実は周りの人も自分自身でさえも悪いとは思っていないポジティブな依存です。このポジティブなものに関しては、今のままでも生きていけますから、治す必要を感じていない人が多いことでしょう。

でも、これまで見てきたように、依存症の夫を持つ妻たちや家族では、そのことによって思いがけないところにシワ寄せが出てくるのです。そうなって初めて、「自分の問題だった」と気づき、慌てて治すことになります。本人がそれと気がつかなくても、気づかせようと人が何かしなくても、気がつかざるをえないような状況に追い込まれる場合があるわけです。遅かれ早かれ、いずれそういうことを味わうことになるのです。

さまざまに現れる依存の心

一般的に依存と言われているものには、ここで扱っているアルコールや薬物などのような「物」への依存のほかに、ギャンブルやゲームに代表されるような「行為」への依存、そして、親や子どもといった「人間関係」に関する依存があります。

この自立プログラムを通して見えたことは、親への甘えという依存の心が、お酒や薬物というものへの依存に変わるということです。今回取り上げたのが、「物」への依存であったわけですが、ギャンブルやゲームなどの行為への依存も、断定はできませんが、おそらく親への依存が変化したものでしょう。そうであるとするならば、親などの人間関係への依存が、あらゆる依存の根源であるといえます。

今回、この自立プログラムによって、誰かに頼ったり、求めたりという依存の心が、人に不満を抱いたり、批判したり、裁いたり、責めたり、そういったさまざまな表現となって現れてくるのだということを再認識しました。そして、その心が社会に多様な問題を生じさせているということが、はっきりとわかりました。

「依存」とは、一言でいうならば、「くれ、くれ」の心です。「こうしてほしい」「こうなってほしい」と相手に求める心があるから、それがかなわないと、不満という不足になり、相手を批判したり、裁いたり、責めたりするのです。

また、誰かに責任をなすりつけ、人のせいにするのも「依存」ですし、「私はダメだ」と自分を責めたりするのも、自分という「偽我」に依存していることなのです。

だからこそ、本当の自分である「真我」に目覚めることが大切です。「偽我」を自分とするのではなく、内なる神の心である、完璧な「真我」が自分であるということが本当の意味で分かれば、「自分はダメだ」などという心にはなりようがありません。完璧なのですから。そして、これが究極の自立です。

この自立プログラムを始めた当初は、佐藤康行に「治してほしい」という依存の気持ちを参加者の皆さんがお持ちでした。しかし、依存症の人たちは、自分たちが問題であるという自覚があり、それぞれにやるべきことを実践するという自立の方向にすぐに歩み出されました。

その一方で、自分には問題はないと思っていらっしゃった奥さまやご家族の方たちは、私任せの心がなかなか抜けないところがありました。それでは、自立プログラムになりません。私に依存するのではなく、「どうしたら自分でできるのか」という心を持ち、自立していくことが大切なのです。

二度とない、一度きりの人生です。誰かに依存することで、人のせいにすることはできません。誰も責任を取ってはくれないのです。

依存とは、人にこうなってほしいと求めることで、自立とは一〇〇%自分の問題だと捉えることです。一〇〇%自分の問題だとして、自分に責任を持つことなのです。

心の借金を返していく

「自分の問題だった」ということに気づくことなく、悩みや問題を抱えたまま一生を終えてしまわれる方が、どれだけ多いことでしょう。

実は、あなたが今直面している問題は、完全完璧な本当のあなたに気づかせるための出来事であり、メッセージなのです。**内なる神に気づかせてくれるために、それとは対極のものが現れている**のです。

それにもかかわらず、そのメッセージを受け取れないでこの世を去ってしまったら、最も大切なことが分からないままで人生を終えてしまったということになり、それは一番悲しいことです。

ですから、自分の問題だったと気づけただけでもよかったのです。そのように気づけたならば、今までとは真逆の生き方をすればいいのですから——。自分自身が犯人だったにもかかわらず、相手が犯人だと思って責めていた人たちは、「申し訳なかった。あなたが正しいのですね。私に教えてくださったのですね」という姿勢に変えて、これからを生きていけばいいのです。

これまでのことを、心の借金として、責めていた人ばかりではなく、周りのすべての人にそれを返す人生を送りましょう。そのことによって、最もメリットを受けるのは何よりもあなた自身です。**この世界は、あなたの心のとおりのものが現れるのですから。世界は、あなたなのです。**

自分の弱さを知ることが強さへの道

自立すると、周りのすべての人を生かすことにもなります。

人は皆、真我であり、完璧であり、何者にも依存する必要はありません。ですから、相手に依存せず、自分でやって、自分で責任を取るということが非常に大切です。

一方で、個性としての自分は、それぞれの性格があり、得手、不得手があるのも事実です。それゆえ、人によって役割があります。

自分の不得手な部分である自分の弱さを責めるのではなく、自分のすべきことが分かればいいだけです。自分のすべきことをして自立するのです。自分の弱さを知り、認めるというのは、依存することとは全く異なります。すなわち、自分の不得手な部分を、相手に「こうしてほしい、こうなってほしい」と求めることではありません。

相手に求めず、自分の弱さを知って認めたとき、人は強くなります。なぜなら、相手にとっては、自分が役に立つという存在意義が出てくるので、相手が手を差し伸べてくれるようになるからです。

ところで、**完璧とは完璧主義の完璧、一〇〇点満点とは異なります。そのままで、あるがままでいい。これが完璧ということです。これから完璧になろうとするのではなく、もうすでに完璧なのです。**

自分は真我であり、完璧だと、究極の自立をした上で、自分の弱さを素直に認めるということです。その上で、自分の弱さを知り、認めると、相手が自分にないものを持っているということに気づくのです。すると、自分ができないことをしてくれる相手のありがたさに感謝できます。このように、自分の弱さを知ると全く発想が変わってきます。

弱さを認めたくないから、人は戦おうとするし、がんばるのです。「私はなんでもできる！」「私が、私が」と言っている、そのパワーは小さなものです。

ありのまま、そのままで、弱いままで完璧だと受け入れた時、周りの人たちの存在意義が明確になり、人を生かし、それが大きなパワーとなって、調和した無敵の世界になっていくのです。

参加者からのお手紙

この自立プログラムは、平成二十二年一月からスタートしました。

実は、平成二十二年十一月に、川端さんの奥さまの早紀さんより、赤ちゃんが出来たとのうれしい報告をいただいていました。そして、自立プログラムを始めてちょうど一年たった平成二十三年一月、久しぶりに皆さんとお会いする機会がありました。

私が一番うれしかったのは、奥さまがお二人とも、ご主人を責めるエネルギーがなくなっていたことです。ちづるさんは明るい表情で、見るからに変わっていらっしゃいました。そして、早紀さんは赤ちゃんが出来たということもあるのでしょうが、とても柔らかい表情になっておられました。

大葉さんは、とても精悍《せいかん》な雰囲気に変わっておられ、この自立プログラムに参加するきっかけともなった増田さん（義弟）を、「今度は私が助けたい」とおっしゃり、立場が逆転していました。

川端さんは、父親になるのだという自覚から、それがモチベーションとなり、完全に薬を「〇《ゼロ》」にしますと、みんなの前で宣言してくださいました。

私には、もう何も言うことはありませんでした。もちろん、大変うれしかったことは言うまでもありません。
さらに、皆さんから、感謝の手紙をいただきました。最後に、その手紙を掲載させていただきたいと思います。

▼大葉豊行さん（夫）

佐藤康行様

自立プログラムの第一回開催が昨年の一月十八日でしたので、ちょうど一年がたちます。

「まずは形から変えなさい」ということで、親と同居していた家を出て、仕事を始め、借金を返していくということをひたすらやり続け、一言でいうと、この一年は「無我夢中」で生きてまいりました。良いも悪いも考えている暇もないくらい仕事が忙しく、一瞬一瞬を、全力で駆け抜けてきたように思います。

そのおかげで、何の努力もしないで、お酒をやめることができました。

昨年までは、完全に断酒しておりました。というより、スケジュールがいっぱいで、飲んでいる余裕などありませんでした。

しかし、今年に入り、休みが増えた気の緩みか、缶酎ハイを二、三本飲んだことが三度ほどありました。佐藤先生との約束を勝手に破る形となり、誠に申し訳ありません。ですが、業務には全く支障なく勤務できているので不思議です。以前の私なら、二日酔いで仕事を休むのが普通でしたから、考えられないことです。やはり、「二日酔いなんだから休めばいいや」という甘えの心、ひいては親への甘えの心が、アルコール依存症の原因であったと思っております。

職場は、義理の弟が経営する総合ビル管理の清掃部で、六十歳にもなる私にとっては過酷すぎる肉体労働です。しかし、直属の上司の「他人の喜びがあっての自分の喜び」という人柄に牽引されて今日まで来れました。素晴らしい縁に恵まれたと感じています。また、長引く不況の影響で会社も連日悪戦苦闘しており、「いよいよ、お世話になった社長と上司への感謝を行動に現す私の番が来たのかな」というふうに考えております。

借金の方も、順調に返済し、あと数年で完済できる予定です。

夫婦生活においては、一年前は両親と同居し、私の無職および飲酒が原因で、離婚状態でした。現在でも、大なり小なりの言い合いはありますが、妻が変わり、良妻になろうとがんばっている様子には感激するものがあります。それに対して、私がどこまで応えられているのだろうかと時々考えます。そして、実は年がいもなく「子どもを作ろう」という気持ちまでわいてきました。

このプログラムに参加させていただき、何とか命を取り留めることができ、妻ともども、大変感謝しております。

佐藤先生、本当にありがとうございました。

大葉豊行

▼大葉ちづるさん（妻）

佐藤康行様

自立プログラムに参加させていただく前の私は、限りなく離婚に近い別居を考えておりました。夫が無職で、義父母と同居している上に、夫の飲酒での問題行動に悩んでいたからです。

それが、この自立プログラムを始めてすぐに、夫が仕事に就き、夫婦でアパート暮らしを始めることができました。

一方で、私の根本原因が深いところにあり、それが未だ解決されていないことに気づかされ、自分がこのプログラムに参加した意味を思い知らされました。しかし、しばらくは、そのことになかなか向き合えない自分がいて、ただ月日が流れていきました。そして、夫の仕事が定着しましたので、隠れ飲酒を疑う心もなくなっていました。

しかし、年末頃から、夫の行動にあやしいという思いが起きて、疑いや軽蔑の心が出てきました。このことによって、ようやく、当時、佐藤先生に言われていたことが結びついてきました。それについてのご報告もかねて、一年経過したお礼を書かせていただきます。

実は、一月十六日に、缶酎ハイの空き缶二本を押し入れの中に見つけ、一月十九日の朝に、もう二本の空き缶を見つけました。帰宅して、「下痢している、おかしい」という夫に、(お酒を飲んだときの症状ですので)「飲んでいるからじゃない?」と、サラッと言うことができ、缶酎ハイの空き缶四本を出して見せました。それに対して、見え透いた嘘を言う夫でしたが、その時の私は、以前のような「認めさせよう」という執拗さや、腹立たしさは起きませんでした。

何より、以前でしたら、逆上されるんじゃないかと言い出せず、空き缶もそのままに、イライラしながら、夫を無視するような私でした。それが、今までとは全く違う接し方ができたのです。

その後、私が外出から戻ってくると、夕食にと考えていた炊き込みご飯を夫がセットしておいてくれたのです。思いもよらない出来事でした。私にとっては、これは奇跡なのです。私が責めたり、軽蔑の思いからの言動ではなかったから、それが夫に伝わったのだと思います。

このことを、佐藤先生がずーっと私におっしゃっていたのだと、今、ようやく分かりました。

自立プログラムを通して気づいたこと、そして今回ようやく気づいたことを、行動にして、やり続けていくことの大切さを痛感しています。

本当にありがとうございました。これからもよろしくお願いいたします。

大葉ちづる

▼川端早紀さん（妻）

佐藤康行様

自立プログラムでは大変お世話になりました。

何と申し上げたらよいのでしょう。正直、この感謝の気持ちを表現する適当な言葉が見つからないほどに、お礼を言い尽くしても言い足りないほどに、感謝とありがたい気持ちでいっぱいです。本当に本当にありがとうございました。

命が救われました。心も、生き方も、人生のすべてが救われました。主人の薬のことだけでも、信じられないほどの奇跡なのに、それだけでなく、薬のことが逆に二倍三倍の豊かさ、恩恵となって返ってきてくれる結果となりました。普通ではあり得ないことです。

私にとって「夫を〝問題〟と見ている自分自身こそが問題であった」ということを真に分かることが最大の難関でした。〝正しいこと、悪いことという判断〟〝常識〟にがんじがらめになっていることさえもなかなか気づかずに、どうしてもその先の世界にいくことができずにいました。しかし、そのことが次第に分かってくると、主人に対する見え方、思い、接し方のすべてが、スルスルと変化していきました。

おかげさまで主人との関係が激変しました。今は主人と生活する毎日が幸せでいっぱいです。日常で何げなく話をしている時でも、主人に対する尊敬の気持ちや賞賛の気持ち、ありがとうという気持ちが自然に出てきて、その思いを言葉にして伝えているということが、いつの間にか常となっています。

そのせいか、主人の様子も以前とは全く違って、私に心を開いてくれていているのを感じます。夫婦の性生活も自然に戻ってきて（以前は夫が拒絶状態でした）、新しい命を授かることができました。佐藤先生とのご縁がなければ決して授かることのできなかった新しい命です。今、妊娠五カ月で順調に育ってくれています。主人もとても喜んでいて、家の階段に手製の手すりを作ってくれました。次はベビーベッドを作ると言ってはりきっています。

主人の薬のことが、むしろきっかけとなって、私は新しいものの捉え方、生き方へと導かれていきました。主人がいてくれなければ、もっと言えば、主人が薬物中毒でいてくれたからこそ、それを越えた先にあった現在の幸せな毎日。本当に豊かな毎日です。他のどんなものよりも、何よりも望んでいた幸せと喜びに満たされています。

当たり前の毎日が本当に幸せです。主人のことが大好きで、主人と夫婦として毎日を送れることに感謝せずにはいられない。そんな日々を送らせていただいています。本当におかげさまです。

私たち夫婦が、何とかしたくても、どうもがいても、どうにもならなくて、行き場がなくて本当に苦しんでいた時に、手を差しのべてくださり、共に歩み続け、導き続け、見守り続けてくださったこと。決して忘れません。言葉にできない感謝の気持ちでいっぱいです。

ありがとうございました。

川端早紀

▼川端龍一さん（夫）

佐藤康行様

佐藤先生と出会い、今回の自立プログラムに幸運にも参加させていただいたことの意味を考えると、「感謝」という言葉では足りない気がします。なにか無限にありがたく、胸の奥が熱くなり、愛や尊敬や希望の光を感じます。こんなに自分が幸せに思える感情は初めての体験です。

この自立プログラムがスタートした時、自分自身を「治る見込みのない薬物依存症＝周囲に迷惑をかけ続ける存在」と考えていました。薬物依存症について調べれば調べるほど、その思いは確信に変わり、医者に相談しても施設に入れと言われ、それでダメなら妻のためにも離婚を勧められ、廃人のように家族に迷惑をかけ続けて生きていくのだと感じていました。

また、中学校で教師をしていても、身体と心は限界でした。子どもたちが「先生がこの学校で一番自分たちを分かってくれるし、授業も楽しい、先生がいるから学校に来れているんだ」と言ってくれるのを見て、ボロボロでも動けるならがんばろうという気持ちにさせてもらったのが唯一の救いでした。

それでも、薬物への欲求は強くなるばかりで、「早く死なないかな」という思いが常に心のどこかにありました。だから佐藤先生に「飲んだら今死ぬと分かっていても飲みますか？」と言われた時、「死んだ方がいいと思うから、多分飲みます」と答えました。これがプログラムスタート時の状態でした。

プログラム二回目ぐらいの時、佐藤先生との話の中で、初めて他人に、すごくつらいという気持ちを素直に話しました。涙があふれて止まりませんでした。話の中で「君の状態は最悪だからこうした方がいいよ」とか「こうしなさい」とか言わずに話をしてくれた人は、佐藤先生が初めてでした。そして、「君は治るから大丈夫！」そんな佐藤先生のゆるぎない確信が伝わってきました。その確信が自分の心を変えていきました。

この心の変化は、結果として次の日からすぐに表れ、何の痛みも無く二分の一、三分の一、五分の一といき、十分の一まで順調に薬の量が減りました、あと少しを無くす過程が半年程度続きました。その過程で、今まではなかった性欲がよみがえり、妻との関係が良くなり、なんと子どもまで出来ました。学校の子どもたちも素晴らしく、クラスで学校に来れない子三人のうち二人が元気に登校してくれるようになり、もう一人もあと少しです。また、部活が全国大会に二回も行きました。

薬もゼロ状態になる日がどんどん続くようになり、薬への欲求は弱く、びっくりです。でも、自分の場合十年ぐらいやめないと、薬物依存症が治ったと言い切れないと思いますので、あと九年あります。

自他共に信頼し、愛を深められるだけ深め続け、それを実際の行動に移すこと、これが今回のプログラムの学びであり、佐藤先生の大発見です。言葉だけでなく今後の人生すべての行動で感謝を表します。この大発見を現実に結果として表し続けます。

佐藤先生、本当にありがとうございました。

川端龍一

おわりに

私は心を扱う仕事をしていますが、そのなかでいつも心がけているのは、現実を大切にし、実践し、行動することです。

というのも、心の三層構造でいうところの真ん中の部分、人間の「業・カルマ」というのは、いったん消えても、そう甘くはないということを知っているからです。本当は、そのようなものは「ない」のですが、いくらそのことを感得し、気づいたとしても、人間の心というものは、五感があるがゆえに、現象面に反応し、コロコロ変わります。そして、過去の記憶の残像がよみがえってくることがあるのです。

ですから、その気づいた心、変化した心を、日常生活の中で行動に現していきます。それが、変化した心を継続する秘訣だからです。日常生活の中で、完全に「業・カルマ」を消していく。たとえ心のことを勉強し、気づきや悟りを得たとしても、それを現実の中で生かさず、行動に現さず、その結果、現実生活が変化していかなかったとしたら、何のための悟りでしょうか。

気づいた心、変化した心を行動に現すときは、「問題はない」「完璧」という答えに基づいて実践する――。別段、「問題はない」「完璧」と思おうとしなくてもかまいません。私たちが人間だと思おうとしなくても人間であるように、これが答えなのですから、この答えを実践するのです。

「私は完璧である」という、本当の意味での自立をすることです。そして、あなたがそうであるように、周りの人も、起こる出来事も、何も問題はなく、すべて完璧だと、ありのままを認めていくことです。そうすると調和が生まれ、一つになります。「もともと一つ」というのもまた答えです。

このように、答えからの行動はやはり答えにたどり着きます。

しかし、問題として捉えたところからの行動は、やはり問題にたどりつきます。「これは問題だ。なんとかしなくては」と、人は解決方法を探します。そして、その答えを見つけ、行動しますが、私に言わせれば、最初のスタートが間違っています。「問題はない」「完璧」であるのに、「これは問題だ」と捉えているのですから、そこから導き出した答えも、やはりまた問題なのです。

この本には、私が、究極の答え＝真我から出した答えをちりばめました。また、みなさんが自分で実践しやすいように、ツールとして「わがままスッキリノート」もご紹介しました。

本書を読んで何かを感じていただき、行動していただき、結果としてみなさんの現実が素晴らしいものに変わっていったなら、著者としてこれに勝る喜びはありません。

佐藤　康行

平成二十三年三月

佐藤 康行（さとう やすゆき）

1951年北海道美唄市生まれ。
心の学校・学長。
本当の自分（＝真我）を引き出すセミナー「真我開発講座」主宰。
これまで20年にわたり延べ６万人以上の心の深層を見つめてきた。

10代後半から化粧品・宝飾品・教材のフルコミッション営業マンとして驚異的な実績をあげ、20代でレストランチェーンを創業し、全国70店舗を展開。直後に「自分の使命は多くの人の真我の目覚めのお手伝い」という天啓のもと「真我開発講座」を編み出し、レストラン経営すべてを人に譲り、全国各地でセミナー、講演、面談等を行うとともに「心の学校 佐藤義塾（現アイジーエー㈱）」を設立。
「真我開発講座」は、老若男女を問わず政財界の著名人から第一線のビジネスマン、主婦、学生に至るまでこれまで６万人以上が受講し、心・生活の著しい変化をもたらしている。

著書に、『１日ひとつ、変えてみる。』（三笠書房）、『「遺伝子とサムシング・グレート」は数える』（筑波大学名誉教授村上和雄 共著、日新報道）『絶対にNOと言われない「究極のセールス」』（かんき出版）、『ダイヤモンド・セルフ』（アイジーエー出版）、『あなたの悩みは一瞬で消せる』（ハギジン出版）ほか。

★心の学校・アイジーエー オフィシャルサイト
http://shinga.com/

奇跡を呼び込む「わがままスッキリノート」

2011年５月25日　初版第１刷発行

著　者　佐藤康行
発行者　韮澤潤一郎
発行所　株式会社たま出版
〒160-0004　東京都新宿区四谷4－28－20
☎ 03-5369-3051（代表）
http://tamabook.com
振替　00130-5-94804
印刷所　株式会社エーヴィスシステムズ

ISBN978-4-8127-0310-6 C0011